「日本列島改造論」と鉄道

田中角栄が描いた路線網

小牟田哲
Komuta Tetsuh

交通新聞社新書 161

はじめに

市販の時刻表に掲載されているＪＲ各線の営業キロは、実際の距離（実キロ）と必ずしも一致しているわけではない。典型例は新幹線で、東京～新大阪間の営業キロは在来線と同じ５５２・６キロ。静岡や名古屋など中間駅との間の距離も同様で、これらが実キロ（５１５・４キロ）より長いことは知る人ぞ知る話である。他にも、ＪＲ西日本の新今宮～今宮間（関西本線と大阪環状線）のように、同一区間が複数の路線の双方に所属してその距離が実質的にダブルカウントされている場合もあるなど、正確な統計に用いる数値としてはやや心もとない。

とはいえ、営業キロは市販の時刻表に明記されている距離であり、インターネット上のルート検索にも表示されるなど社会的な通用度は高い。そこで、ＪＲの旅客路線の全長について、令和４（２０２２）年３月号の時刻表に記載されている旅客路線の営業キロを全部足すと１万９４６０・４キロで、２万キロを５００キロほど割り込んでいる。

そのちょうど50年前にあたる昭和47（１９７２）年３月号『国鉄監修　交通公社の時刻

表』の巻頭にある全国の国鉄路線名（貨物線は除く）の索引をもとに同じ足し算をすると、合計で2万1371・6キロになる。つまり、この50年間で国鉄、及びそれを承継したJRの旅客路線は、単純計算で約1900キロ消滅していることになる。

この数値は、実際の鉄道路線の消滅距離と一致するわけではない。ある地方では鉄道が廃止されたが、別の地方では新規開業した路線も存在する。また、国鉄やJRとしては存続していないが、同じ路線が私鉄や第三セクター鉄道として営業を継続しているケースもある。かつての国鉄赤字ローカル線や、最近では新幹線の新規開業に伴いJRから経営分離された並行在来線などがこれに該当する。並行在来線の場合、経営主体がJRでなくなっただけで鉄道路線としては地域密着型の旅客営業を続けており、貨物列車は従来通りJR線から乗り入れているケースも多い。

そして、新幹線という新しい旅客鉄道ネットワークは、この50年間で大幅に拡充した。昭和47年3月には新幹線と言えば岡山開業を果たしたばかりの東海道・山陽新幹線（博多開業はその3年後の昭和50年3月）だけだったのが、今や時刻表上で「新幹線」と称される路線は北海道・東北・秋田・山形・上越・北陸・東海道・山陽・九州の9路線にも及んでいる。10路線目にあたる西九州新幹線の開業も間近に迫っている。

こうした新幹線ネットワークの拡充や地方ローカル線の再評価を国策として強調したのが、山陽新幹線の岡山開業から3カ月後の同年6月に発表され、書籍としても刊行された『日本列島改造論』である。当時、通商産業大臣（通産大臣。現・経済産業大臣）だった田中角栄によるこの政策構想は、直後の自由民主党総裁選挙で田中が勝利し、内閣総理大臣に就任したことなどが影響して、1年間で91万部を売り上げる大ベストセラーとなった。

田中内閣はそのわずか2年後（昭和49年）に退陣したが、『日本列島改造論』のインパクトはその後も強く残った。地方と都市との格差是正や公害問題など、その後も国の政策において重要とされ続けたテーマに対する政策方針を、政治家として国民にわかりやすく示し、賛否を合わせて広く認知された最初の例だったからだろう。

令和4年は、その『日本列島改造論』の発表からちょうど50年にあたる。さらに、明治5（1872）年に新橋〜横浜間に日本初の鉄道が開業してから150年目でもある。本書はこの節目の年にあたり、明治の鉄道創業から100年目に提唱された「日本列島改造論」のうち鉄道政策に焦点を当てて、その後の鉄道政策の来し方を振り返ることに主眼を置いている。

同論を語るとき、どうしても田中角栄という政治家自身が注目されがちだが、政治家・

田中角栄の個性に着目した詳細な分析は、関係者やジャーナリストによる先行研究がすでに多数世に出ている。本書の対象はあくまでも「日本列島改造論」という政策であり、特定の政治家個人に対する評論は目的としていない。

詳しくは本文に譲るが、現在のJR在来線ネットワークの大部分は、明治・大正時代に制定された関係法令に基づいて建設されている。かかる事実に鑑みれば、将来の国土開発のあり方に長く影響を及ぼすような鉄道政策を国家100年の計と捉え、その中間地点にあたる50年目に当初の提唱策やその後の経過を顧みることに多少の意義はあると考える。

とはいえ、何しろ半世紀前の政策構想であり、提唱した田中角栄自身も世を去ってすでに30年もの月日が流れている。大ベストセラーとなった同名の著書も書店の棚には並んでおらず、古本屋で入手するか、図書館で借りなければ読むのは難しい。

私自身がそうなのだが、田中首相の時代にまだ生まれていなかった世代にとって『日本列島改造論』は、感覚としては政治というより歴史の分野に近い。かつて自ら新聞で読み、テレビで成り行きを見守った事象ではなく、教科書で知った史実なのである。

したがって、リアルタイムで知り得なかった田中首相時代の世情を皮膚感覚で正確に再現することはできないし、そもそも自分と同世代あるいはそれより下であれば、『日本列島改造論』はせいぜいその名前くらいしか知らない、という日本国民の方が多いのではないかと思う。本書ではそのような観点から、今では現物を入手しにくい『日本列島改造論』の要約やその当時の背景事情について、文献の調査を踏まえてわかりやすく解説することを心がけた。当時を知る先輩世代や専門家の方々にとっては、当然の前提事実に関する説明に必要以上の紙幅を割いていると受け止められるかもしれないが、本書のスタンスとしてご容赦いただきたい。

私は平成24（2012）年に上梓した『鉄道と国家——「我田引鉄」の近現代史』（講談社現代新書）の中で、「日本列島改造論」に触れる章を設けていた。同書では鉄道と政治にまつわるエピソードを多数取り上げており、『日本列島改造論』はあくまでもその一要素としての位置づけだったが、本書によってより詳しく繙《ひもと》くことができたと思っている。時宜に適《かな》った企画の担い手に私を指名していただいた交通新聞社の編集者・中島理菜氏のご尽力の賜物である。企画の当初から、私の細かい要望や意見にも真摯に対応していただき、感謝に堪えない。

令和4年5月　著者

「日本列島改造論」と鉄道 ―― 目次

※本書に掲載している写真は、特に注記したものを除き交通新聞社の撮影・所蔵です。

第一章　「日本列島改造論」とその時代

最も売れた政治家の本

初めての「新首相の政策提言書」になった

「政治家が出した本は売れない」

半世紀以上前の出版業界では、そういう認識が一般的だったという。インターネットなどなく、情報や知識の源泉としての活字の存在感が、今よりもずっと大きかった頃の話である。

半世紀前の昭和40年代はいわゆる55年体制の真っ只中で、与党第一党は常に自由民主党（自民党）が占めて政権を維持していた。野党第一党の日本社会党（社会党。現・社会民主党〔社民党〕）は、政権奪取の現実的な可能性がほとんどない万年野党の地位に甘んじていたため、自民党の総裁選挙（総裁選）が事実上の政権選択選挙の意味を持っていた。

にもかかわらず、というべきか、あるいは、だからこそ、というべきか、自民党員のみを有権者とする党内選挙を前に、自身の政策構想を自著にまとめて出版し、国民一般にその政見を広く開示して総裁選に臨む候補者はいなかった。

昭和47（1972）年6月に日刊工業新聞社から刊行された『日本列島改造論』は、そうした先例を打ち破った異例の書籍である。同書の奥付では初版の刊行日は6月20日となっているが、自民党の総裁選はそのわずか半月後の7月5日。著者の田中角栄は刊行当時、佐藤栄作内閣で通産大臣を務めていたが、この選挙で福田《ふくだ》赳夫《たけお》（後《のち》に首相）らに勝利して自民党総裁となり、翌日、国会で第64代内閣総理大臣に指名されている。

『日本列島改造論』の刊行が自民党総裁選の直前になったのは、最初から意図していたわけではなかった、とする関係者の証言が伝わっている。その一方で、著書の刊行は近い将来の自民党総裁選に向けた田中自身のアピール材料とする意図が当初からあった、との調査報道も存在する。

同書の制作に中心的な役割を果たした当時の小長啓一・通産大臣秘書官（後の田中首相秘書官、通産事務次官）は、原稿執筆にとりかかった昭和46（1971）年12月当初は、1年がかりくらいを想定していた。この時点では、自民党総裁選を想定した制作スケジュールではなかったという。

日刊工業新聞社刊『日本列島改造論』のカバー

ところが、年明けに田中の腹心である二階堂進（後に田中内閣で官房長官に就任）が、「7月までに刊行できないか」（「6月までに」と言った、との証言もある）との希望を伝えてきたことで、制作ピッチが急に上がった。結果として6月下旬の刊行となったのだが、これがペースアップ後の予定の通りだったかどうかは明らかでない。出版元である日刊工業新聞社の社史『日刊工業新聞 100年史』（日刊工業新聞社100年史編纂委員会〔編〕、平成27年）は、「当初4月末に刊行を予定していたが、著者が当時、通産大臣という多忙なポストにいたため、筆入れが遅れてしまった。そのため6月末の刊行とな」った、と記している。いずれにせよ、総裁選を直前に控えた時期の出版により、自身の政策構想を著書によって広く世に問うて総裁選に臨むこととなった。

他方で、田中自身は当初から総裁選を意識して自著の刊行を目指していた、との取材結果を報じたのは、23年後のNHKである。田中が発刊を思い立ったきっかけと、それを知った田中の秘書・早坂茂三《はやさかしげぞう》との間であったとされるやり取りを、次のように再現している。

「スミソニアンの合意から一週間後の12月25日、田中は通産大臣室で、『日刊工業新聞』の新年企画「田中通産相に聞く」のインタビューに答えていた。（中略）田中の話をなかなか興味深いと感じた朝倉〔インタビュアーの同紙編集局長。引用者注〕と、インタビューに同席していた政経部の記者・松本明男は、田中に持ちかけた。

『大臣のお話は、なかなかおもしろい。本にされたらどうでしょう。アメリカでは、大統領をめざす候補は自分の政策を国民に訴え、自分が大統領になったら何をやるかを明確に宣言します。日本ではそういうスタイルはまだ根づいていませんが、そうするチャンスだと思いますが』

『そうだな、よしやろう』

田中は即座に答えた。

その話を聞いた田中の秘書・早坂は、田中に直言した。

『おやじさん、総裁選挙までにまとめるには、いくらなんでも準備期間が短すぎるんじゃないですか?』

『何言ってるんだ。あっち（福田）は東大卒のエリートだ。官僚出身でない俺があいつに勝つには、絶対、自分の著書がなければだめだ』

田中は耳を貸さなかった。」（NHK取材班〔編〕『NHKスペシャル 戦後50年その時日本は 第4巻 沖縄返還／列島改造』日本放送出版協会、平成8年）

当初の田中の真意はどうだったのか、今となってはわからない。

ただ、田中内閣成立後に刊行された現役新聞記者たちによる同論への批判本でさえ、「次の政権をになう自民党総裁選挙で、具体的な〝政見〟を掲げて争ったのは田中氏が初めてであり、総裁選挙に先立って持論の国土改造論を大胆に公表した勇気は注目に値する」（山本雄二郎〔編〕『日本列島改造論の幻想』エール出版社、昭和47年）と論評している。次期首相を意味する総裁選を前に候補者が自らの政見を公表することが「勇気」ある行為だとは、まるでそれまでの自民党総裁選では候補者がまともな政見を示してこなかったかのような書き方だが、一般の国民よりは政治の現場に近い生活を送っている当時の新聞記者の経験に照らしても、『日本列島改造論』はその公表のタイミングや単行本での刊行という手法自体が斬新に感じられたのは間違いない。

同名の政策構想は、単行本の発売に先立つ6月11日に発表されている。翌6月12日付の朝日新聞は「田中通産相が〝政権構想〟」との小見出しを掲げた記事で、「総裁選挙をひかえて同氏の〝政権構想〟の一つの柱を打出したことは明らかだ」として、同論が総裁選を意識したものであると報じている。

単行本の発売より前にマスメディアを通じてその内容を発表していることからすると、田中自身が、政見は演説によって、あるいは新聞やテレビを通じて周知を図る、という従来のスタイルを一変させようと考えていたわけではなかったと思われる。何しろ、「政治家が出した本は売れない」時代であるから、いくら現職の大臣で次期首相候補とはいえ、同じ政治家や霞が関の官僚、マスコミ関係者などに読んでもらおうとの意図は当然あったとしても、社会現象になるほど大勢の国民に広く読んでもらうほどの大きな期待はしていなかったのではないか。

ところが、刊行直後に田中が首相となったことで、『日本列島改造論』は、着任したばかりの新首相がこれから実際に展開しようとする政策提言書のように扱われることになった。書籍のPRには最高のタイミングである。

しかも、首相就任時に54歳だった田中は、初の大正生まれ、当時としては戦後最年少の首相ということで、国民は世代交代の印象を受け、好感をもって迎えていた。内閣発足直後の世論調査によれば、田中内閣の支持率は読売新聞では46パーセント（昭和47年9月10日付朝刊）にとどまったものの、朝日新聞では62パーセントに上った（昭和47年9月18日付朝刊）。

こうした状況で急に国民の注目を浴びることとなった『日本列島改造論』は、刊行から1年間で91万部を売り上げる空前のベストセラーとなった。有力な政治家が自身の政見を自著にまとめて注目を浴びる例は最近でも時折見られるが、たとえば安倍晋三元首相の『美しい国へ』（平成18年、文春新書）の発行部数は約50万部、麻生太郎元首相の『とてつもない日本』（平成19年、新潮新書）が約20万部であった。いずれも、出版不況と言われる時世にあって高い販売実績を誇っていることは間違いないものの、それでも『日本列島改造論』の発行部数には遠く及ばない。

それに、この両書はともに廉価な新書の形態である。一方、『日本列島改造論』は単行本で、販売価格は５００円。総務省統計局の小売物価統計調査によれば、昭和47年当時の岩波新書は一冊１８０円となっている。

令和４（２０２２）年４月時点の同調査では岩波新書は一冊９０３円となっているので、大ざっぱに言えば、昭和47年当時の5倍といったところか。とすると、当時５００円の単行本は、令和４年だと２５００円に相当することになる。価格を比べれば、誰もが気軽に買いやすいのは明らかに新書である。にもかかわらず、単行本として91万部も売れた同書は、まさに空前絶後であり、刊行から半世紀を経た今なお、「最も売れた政治家の本」と言っても過言ではない。

記者と官僚の合同チームが執筆を担当

この異色のベストセラーを、著者である田中角栄が一人でせっせと原稿用紙に向かって書いたわけではない。多忙な現職大臣にそんな余裕があるはずはないし、そもそも田中にとって出版の目的は自身の政見を整理して公表することにあるのだから、自分の政策ビジョンがきちんとまとめられている内容であれば、自らペンを持つ必要はない。

昭和46年の暮れ頃、通産大臣就任から半年近く経った田中は小長秘書官に対して、「国土開発について自分の考えを一冊の本にまとめたいので協力してほしい」との相談をもちかけた。前述の、日刊工業新聞社とのインタビューがきっかけになっていたのだろうか。小長秘書官は「喜んで協力させていただきます」と即答した。

このときの執筆担当チームは、日刊工業新聞社で通産省の記者クラブに詰めるキャップなど、10数名の精鋭記者や若手官僚たちで編成されていた。集められた官僚の中には、後に『団塊の世代』などを書いて作家に転身した通産省の堺屋太一（池口小太郎）や、自治省に所属する武村正義《たけむらまさよし》・元新党さきがけ党首などがいたとされる。

通産大臣が出版する本を書くのに、他省庁の官僚が所属省庁の了解のもとにゴーストライターとして執筆チームに加わるというのは、優秀な社員が勤務時間中に別の会社へ出向いて秘密プロジェクトに携わることを在職会社がＯＫするようなものだろうか。だが、この異例のチーム編成が、同書の内容を通産省の所管分野にとどまらせず、したがって将来の首相らしい俯瞰的な視点を持たせる要因になったとも言える。

しかも、集められた執筆チームは、単にそれぞれの担当部分の原稿を自分のペースで下書きしていたわけではない。田中は大臣室に集まった執筆チームに対して、一日6〜7時間のレクチャーを4日連続で実施した。小長秘書官がその話をもとに文章の骨格を作り、その骨格に記者や官僚など執筆チームが肉付けをしていった。まえがきにあたる「序にかえて」とあとがきにあたる「むすび」は、田中の秘書・早坂茂三が口述筆記し、それを田中が推敲して書き上げられた（別冊宝島編集部〔編〕『人間・田中角栄』宝島社、平成30年）。

田中の持論を具体的なデータで裏付ける作業も、各省庁の協力に支えられていた。そのデータ収集の様子を、小長元秘書官が回想している。

「ここでも田中さんは『この問題はあの局長』と、旧運輸省や旧建設省の幹部を名指しする。電話すると『角さんのためなら』と全面協力。『最新の道路5カ年計画を』と言うと、未公表の立派な資料が届いた。港湾、新幹線の整備計画もすぐに入った」（「証言そのとき国策とともに[1]　角栄氏の理念を具現化」『朝日新聞』平成24年4月30日付朝刊）

本書のメインテーマである鉄道政策についても、同書は具体的な数値を伴って語っている。その背景には、運輸省などのこうした積極的な協力があったのだ。

佐藤内閣の一閣僚に対して、多くの省庁がここまで積極的に協力したのはなぜなのか。その答えについても、小長元秘書官が次のように語っている。

「霞が関は縦割り社会ですから『田中通産相』の本に協力してくれるか不安だったんです。杞憂でした。各省庁の官房長に電話でお願いすると『角さんの本を書くのか。よし、全面協力だ』と、最新のデータを提供してくれました。皆さん、『大臣』ではなく『角さん』と呼ぶんですよ。田中さんが若手時代から33本もの議員立法を作ってきた過程で付き合ってきた若手官僚たちが、その頃には各省の幹部クラスになっていたんです」（「話の肖像画　元通産事務次官・小長啓一[3]　就任3カ月で交渉決着の手腕『産経新聞』平成29年12月6

日付）

このように、精鋭揃いの執筆チームに対して田中が自らの政策ビジョンを徹底的に語り、執筆者がその意図するところを十分に汲んで原稿に落とし込んだ。田中自身が一から起草しなくても、その内容は必然的に田中自身の政見として具現化された。

それればかりか、多数の関係省庁が最新データを積極的に提供してその論を補強した。そうしてまとめられた『日本列島改造論』は、一政治家の政策構想であるだけでなく、田中角栄という政治家の存在をきっかけとして、通産官僚とか運輸官僚といった省庁の垣根を超えた〝チーム・日本国官僚〟が描く、日本の国土開発の将来像の一端でもあった。

執筆チームを官僚主体とせず、日刊工業新聞社の記者が多く含まれていたことも見逃せない。どんなに内容が論理的、政治的に妥当であっても、生硬で理屈っぽい文章は広く読まれないし、理解もされにくい。誰が読んでも理解しやすい文章でなければ、一般書として刊行する意義は半減する。後年に作家へ転じた堺屋太一の文才は別格としても、一般読者向けの読みやすい書籍とするために、学者や役人だけで作文しようとせず、広範な読者向けの文章を書く職業訓練を受けている新聞記者の力を借りたのは正しい判断だったと言えるだろう。

幻の第2弾が構想されていた

時の新首相の大胆な政策提言書として、内容への賛否を含めて国民各層に幅広く読まれた『日本列島改造論』は、その年の「出版界に新風を吹き込み、書店の売り場活性化に貢献した」書籍にあたるとして、昭和47年の書店新風賞を受賞した。同時に受賞したのは有吉佐和子の『恍惚の人』（新潮社）である。同年9月には中国語に翻訳され、まだ日本と国交がなかった中華人民共和国でも出版されている。

版元が日刊工業新聞という専門紙の発行社だったのは、「全国紙を発行するような新聞社を選ぶと、選ばれた会社は喜ぶが他の会社が反・田中になってしまうので良くない」「日刊工業新聞は、社長が（自分と同じ）新潟出身者なので頼みやすい」という田中の判断だったという（「『二十三回忌田中角栄』追憶の証言者4　『日本列島改造論』のゴーストライターと呼ばれて 元総理秘書官 小長啓一」『週刊新潮』2015〔平成27〕年12月17日号）。日刊工業新聞は、田中が毎朝定期購読している新聞の一つでもあった。

多くの関心を集めた同書は、また、強い批判の対象ともなった。特に、開発の候補地として特定の地名を挙げていることから、一部の地域で地価が急騰。その影響で物価が上昇してインフレが発生し、物価高が社会問題となった。

こうした状況下で、日刊工業新聞社では、『日本列島改造論』の第2弾を刊行しようという企画が持ち上がった。『日刊工業新聞 100年史』によれば、「第1弾が経済中心であったので、今度は内政面、外交面（アジア、中東、ソ連外交など）にも触れ、内政面では、特に教育、行政改革、技術開発問題に触れようということで、シナリオも試案ができ上がっていた」という。

そして、いよいよ田中の口述予定を作ろうとしていた矢先の昭和49（1974）年12月、田中内閣はいわゆる田中金脈問題が原因で総辞職に追い込まれた。田中金脈問題とは、同年10月に発行された『文藝春秋』の特集記事によって指摘された田中の金銭疑惑である。田中のファミリー企業が約4億円で購入した信濃川河川敷が、その直後に行われる公共事業のために地価が数100億円に跳ね上がったのは、政治家がその地位を利用して不当な利潤を得る行為にあたるのではないか、というのが同記事の指摘であった。

田中内閣の総辞職によって、『日本列島改造論』の第2弾刊行企画は消滅した。仮に田中金脈問題が起こらなかったら、田中は執筆チームに何を語り、どのような続編が出されていただろうか。

『日本列島改造論』が生まれるまで

母は「越後線の駅員にでもしたかった」

異色のベストセラー『日本列島改造論』が、著者の私的なブレーンのみならず、多数の中央省庁から強力なサポートを受けて書かれた経緯は、半世紀後の現在の感覚に照らすと、「なぜそんなことが現実にできたのか」と疑問に思う人が少なくないだろう。現職の大臣とはいえ、所管の省庁に所属する公務員にとっては、上司と言っても2～3年のうちにすぐ変わってしまうだろうし、他省庁所属の職員から見れば、直接にはほとんど関係ない一政治家に過ぎない。仮に現在、与党所属の政治家が「自分の考えをまとめる本を出したい」と希望したとして、版元となる出版社は全面協力するとしても、多数の省庁の幹部役人が、自省庁保有の未公開データまで提供するほどのサポートをするとは考えにくい。

その背景には、著者である田中角栄の政治家としての来歴が大きく影響していることは間違いない。本書は「日本列島改造論」という政策に焦点を当てることを主たる目的とするものだが、その政策論の成り立ちを、田中角栄という政治家の個性や来歴から完全に切り離して考えることは不可能である。

著者・田中角栄は大正7（1918）年、新潟県刈羽《かりわ》郡二田《ふただ》村坂田（現・柏崎市西山町坂田）で生まれた。両親にとっては2人目の男児だったが、長兄は早逝しており、事実上、7人の兄弟姉妹のうち唯一の男児だった（他に姉が2人、妹が4人）。

実家は古くからの農家だったが、父は牛馬商を営んでおり、農業は本業ではなかった。生家がある集落は新潟平野の小さな農村の一部で、戦前までは、冬になると2メートル以上も雪が降り積もったという豪雪地帯である。

生家の近くには、国鉄（当時は鉄道省。現・JR東日本）越後線が走っていた。越後線は田中家にとって最も身近な公共交通機関で、少年時代の田中が最寄りの西山駅から列車に乗って、田植えをしている母・フメに手を振ると、母も手を振り返した。

通学していた地元の二田尋常小学校（現・柏崎市立二田小学校）では成績が良かったため、学校から「5年修了で柏崎の中学校に行ける」と進学を勧められた。

当時の学制は小・中・高と一直線に連続する単線型ではなく、尋常小学校の上は（旧制）中学校、高等女学校、高等小学校、実業学校など複数の学校種に分かれる複線型だった。

現在は無人駅となっている越後線・西山駅（令和4年・著者撮影）

しかも、尋常小学校は原則として6年制だが、成績優秀であれば5年修了で中学へ進むこともできた。

そして、現代とは比較にならないほど大学進学率が低かった当時において、大学まで進むためには中学校、（旧制）高校へと順次進学する必要があった。ちなみに、田中の23日後に生まれた元首相の中曽根康弘は、旧制中学から旧制高校を経て東京帝国大学（現・東京大学）に進んでいる。

だが、当時の田中家は家計が苦しかった。田中はそれを案じて中学へは進まず、同じ二田小学校の高等科（高等小学校）への進学を選択した。この時点で、高等教育を受けるコースからは外れたことになる。後年、田中が代議士に初当選した頃、母のフメは「せがれさんは何にしたかったのですか」と聞かれたとき、息子が安定した職に就くことを望んでいたのか、「実は越後線の駅員にでもしたかった」と答えたという。

初の選挙戦で「三国峠を切り崩す」と演説

昭和8（1933）年に二田高等小学校を卒業した田中は、翌年、上京して土木建築会社に住み込みで勤めながら、中央工学校の夜間部で建築設計を学んだ。卒業後の昭和12（1937）年に19歳の若さで早くも建築事務所を開き、独立している。

昭和14（1939）年には兵役により満洲に送られる。まもなくソ連との国境付近でノモンハン事件が勃発するが、田中は最前線へは送られずに済んだ。翌昭和15（1940）年には病気のため内地の病院へ送還され、そのまま日米開戦直前に兵役期間を終えている。戦地で病気になり、病院から除隊した田中は傷痍軍人としての扱いを受けていたためか、その後、再び召集令状が来ることはなかった。

戦時中の田中は、除隊後に都内で開設した建築事務所を株式会社化し、軍関係の土建業を手がけて事業を拡大させた。昭和20（1945）年の終戦は、軍需工場の建設工事を受け持っていた朝鮮（現・韓国）の大田《たいでん》で迎えている。

東京に引き揚げた田中は、戦前から自社の顧問をしていた政治家に献金を依頼されると、次いで衆議院議員選挙への立候補を誘われ、昭和21（1946）年春、当時の新潟2区から立候補した。このとき田中は、次のような選挙演説をした。

「みなさーん、こ、この新潟と群馬の境にある三国峠を切り崩してしまう。そうすれば、日本海の季節風は太平洋側に抜けて、越後に雪は降らなくなる。みんなが大雪に苦しむことはなくなるのであります！　ナニ、切り崩した土は日本海へ持っていく。埋め立てて佐渡を陸続きにさせてしまえばいいのであります」（早坂茂三『オヤジとわたし。頂点をきわめた男の物語／田中角栄との23年』集英社、昭和62年）

大言壮語には違いないが、「東京との間にそびえ立つ三国峠という物理的障壁を乗り越えることが、雪国・新潟の人々の生活を豊かにする」という発想が演説の根幹にあることは伝わってくる。26年後の「日本列島改造論」にも通じている田中の政治信念は、この〝三国峠演説〟で初めて新潟の有権者に披露されたと言えるだろう。

史上最多の議員立法と官僚掌握術

初めての選挙では落選したものの、翌昭和22（1947）年、二度目の挑戦で28歳の田中は衆議院議員に初当選した。新たに設定された中選挙区制の新潟3区の当選者5名のうち、得票数は3位であった。

若くして代議士となった田中が、やがて閣僚となり、首相となるまでの過程で特筆すべきは、議員立法の多さである。国会議員在職中に、田中が提案者となって成立した法律は33本（**表1**）。このうち、初当選から郵政大臣として初入閣するまでの10年間に、31本が集中している。この数は一人の議員が制定した議員立法の数として、長く史上最多記録であり続けた（現在は馳浩氏〔現・石川県知事〕の37本が最多とされている）。これ以外にも、田中が立案などに参画し、あるいは田中の構想が基盤となって成立した法律は84本に上る。

「議員立法」という言葉は、よく考えてみればおかしな用語である。国会は立法機関なのだから、国会議員が立法、つまり法律を作るのは当たり前のようにも思える。

だが、首相及び過半数の大臣を国会議員から選出する議院内閣制の下では、内閣が法律案を作成して国会に提出する「内閣立法」が自然と多くなる。そして、時の内閣にとっては、内閣自身が作成した法案の成立が最優先課題であるから、議員立法は内閣立法の審議

表1　田中角栄が提案者となって成立した議員立法一覧

	国会回次	法律名	公布年月日
1	第7回（通常国会）	建築士法	昭和25年 5月24日
2		首都建設法	昭和25年 6月28日
3	第8回（臨時国会）	奈良国際文化観光都市建設法	昭和25年10月21日
4		京都国際文化観光都市建設法	昭和25年10月22日
5	第9回（臨時国会）	松江国際文化観光都市建設法	昭和26年 3月 1日
6		松山国際観光温泉文化都市建設法	昭和26年 4月 1日
7	第10回（通常国会）	積雪寒冷単作地帯振興臨時措置法	昭和26年 3月30日
8		競馬法の一部を改正する法律	昭和26年 4月 9日
9		河川法の一部を改正する法律	昭和26年 5月19日
10		官庁営繕法	昭和26年 6月 1日
11		公営住宅法	昭和26年 6月 4日
12		建築士法の一部を改正する法律	昭和26年 6月 4日
13		住宅金融公庫法の一部を改正する法律	昭和26年 6月 9日
14	第13回（通常国会）	十勝沖地震による農林業災害の復旧資金の融通に関する特別措置法	昭和27年 5月 7日
15		耐火建築促進法	昭和27年 5月31日
16		宅地建物取引業法	昭和27年 6月10日
17		道路法	昭和27年 6月10日
18		道路法施行法	昭和27年 6月10日
19		公共土木施設災害復旧事業費国庫負担法の一部を改正する法律	昭和27年 6月25日
20		昭和二十三年六月三十日以前に給与事由の生じた恩給の特別措置に関する法律	昭和27年 7月23日
21		電源開発促進法	昭和27年 7月31日
22	第16回（特別国会）	北海道防寒住宅建設等促進法	昭和28年 7月17日
23		道路整備費の財源等に関する臨時措置法	昭和28年 7月23日
24		地方鉄道軌道整備法	昭和28年 8月 5日
25		建築士法の一部を改正する法律	昭和28年 8月14日
26	第19回（通常国会）	道路整備特別措置法の一部を改正する法律	昭和29年 5月26日
27	第22回（特別国会）	恩給法の一部を改正する法律の一部を改正する法律	昭和30年 8月 8日
28	第23回（臨時国会）	原子力基本法	昭和30年12月19日
29	第24回（通常国会）	官庁営繕法の一部を改正する法律	昭和31年 4月14日
30		積雪寒冷特別地域における道路交通の確保に関する特別措置法	昭和31年 4月14日
31	第26回（通常国会）	国土開発縦貫自動車道建設法	昭和32年 4月16日
32	第31回（通常国会）	皇太子明仁親王の結婚の儀の行われる日を休日とする法律	昭和34年 3月17日
33	第40回（通常国会）	豪雪地帯対策特別措置法	昭和37年 4月 5日

（早坂茂三『政治家 田中角栄』をもとに作成）

日程を妨げないよう、提案者が与野党を問わず事前調整を図ることも必要になる。

それに、内閣立法と異なり、議員立法は関係省庁の役人が法案の作成を全面的に手助けしてくれるわけではない。国会の審議での答弁も、提案した議員自身が行う。作成過程で折々に役人の助力を得ることはあっても、基本的には議員自身に役人と同じ程度の法案作成スキルや答弁の能力がなければならない。田中は、下積み時代にそういう議員立法を多々手がけていくうちに、役人が法案作成の過程でどのようなことに留意しているのか、何が大変なのか、ということを理解していった。

やがて、霞が関の役人も田中代議士に注目するようになる。独自の財源を持たず道路整備の予算不足に悩んでいた建設省の道路局企画課長が、ガソリン税を道路整備の財源に充てる新法の制定を建設委員の田中に打診したところ、地方の道路整備に情熱を傾ける田中はこれを快諾して新法案を議員立法で提出。反対意見が続出する委員会で論戦の先頭に立ち、法律の必要性を説く一方で、大蔵委員会と建設委員会の各議員を個別に説得する根回しも入念に行った。法案の提出者には佐藤栄作、石橋湛山《たんざん》など後に首相となる与党の有力者のほか、後の社会党委員長となる浅沼稲次郎（昭和35年に立会演説会の壇上で右翼少年に刺殺された）も含まれていた。

かくして昭和28（1953）年、道路特定財源を認める道路整備費の財源等に関する臨時措置法（いわゆる「ガソリン税法」。平成21年まで56年間存続した制度）が成立。莫大な道路財源を獲得した建設省では、田中の実行力や調整能力への絶大な信頼が生まれた。

一方、ガソリン税法によって聖域のような予算編成権に初めて手を突っ込まれた形の大蔵省でも、昭和37（1962）年に田中が大蔵大臣に就任すると、各省庁の大臣との間で行われる予算折衝での交渉力の高さが省内で広く認識されるようになる。加えて、繁忙部署に慰労と称して金一封を渡したり、部署を新設してポストを増やすなどして、官僚の心を摑んでいった。

予算編成に対する影響力が強くなった田中は、予算の陳情に来る他省庁の官僚との接点も増えていった。そうして接点を持った各省庁の官僚もまた、田中の決断力や実行力に惹かれていった。

田中の秘書だった早坂茂三は、「秀才官僚がなぜオヤジに心服したか」という文章の中で、エリート官僚たちが高等小学校卒の田中に魅了された理由を次のように分析している。

「役人はすべて既存の法律を前提にして、その枠の中で物事を考える。ところがオヤジは、役に立たなくなった法律はやめて、新しい法律をつくればいいと考える。だから発想がすべてオリジナルだ。役人が束になっても、田中のような知恵は出てこない。勉強もしている。見識もある。方針をキチンと示す。責任をとってくれる。こうなれば官僚たちは安心して田中についてくる。持ち前の能力をフルに発揮する。プラスの相乗効果が働いて、お互いに得をする」（前掲『オヤジとわたし。頂点をきわめた男の物語／田中角栄との23年』）

こうして、各省庁に田中を信頼する官僚が増えていった。『日本列島改造論』の執筆にあたって、省庁の枠を超えて多数の関係省庁から異例の協力を得られたのは、若き日に手がけた多数の議員立法やその後の自民党重役、閣僚としての仕事を通じて醸成された、田中角栄という政治家に対する信頼や人望に拠るものであったことは間違いない。

原型は4年前の「都市政策大綱」

強固なバックアップ体制によって『日本列島改造論』が短期間でまとめあげられたのは、同論が田中によって初めて語られた内容ではなく、時間をかけて練り上げられた原型がすでに存在していたことも大きな要因である。

同書刊行から遡ること5年半、昭和41（１９６６）年12月に、田中は自民党の幹事長を辞任した。同年夏以降、自民党の所属議員が汚職事件で逮捕されたり、現職大臣が公私混同の官費旅行を申請したりと、政界不祥事が相次いで発覚して「黒い霧事件」と呼ばれ、佐藤栄作内閣は苦しい立場にあった。運輸大臣に就任したばかりの荒舩清十郎《あらふねせいじゅうろう》が、自身の選挙区にある高崎線の深谷駅に急行列車を停車させるよう国鉄に圧力をかけた事件（深谷駅急行停車事件。詳細は拙著『鉄道と国家――「我田引鉄」の近現代史』講談社現代新書、平成24年参照）も、その一連の不祥事に含まれている。

逆風下で行われた同年12月の自民党総裁選で再選された佐藤栄作は、党の役員人事で幹事長を田中から福田赳夫に交替させた。田中自身が不祥事を起こしたわけではないが、事実上の更迭であった。当時、田中は秘書に「佐藤政権の泥は俺が全部かぶるんだよ」と語ったという（佐藤昭子『私の田中角栄日記』新潮社、平成6年）。

幹事長職を辞して久々に無役となった田中を、自民党は遊ばせておかなかった。翌昭和42（１９６７）年3月、党内に都市政策調査会が発足すると、建設行政の第一人者である田中はその会長に就任する。衆参両院から１００人以上の国会議員が集まり、重ねた会合は70回にも及んだ。

同会は関係省庁や自治体から都市政策について意見を聴取し、各界有識者からも「都市政策への提言」という形で意見を求めた。それらをまとめて昭和43（1968）年5月に同会が公表したのが、「都市政策大綱」である。翌月には自民党広報委員会出版局が冊子として市販している。

「都市政策大綱」は、都市の過密と地方の過疎を解消するため、均衡のとれた国土開発を行うことを提唱している。そのための具体策が多々挙げられており、その中には、「表日本と裏日本を縦横につらぬき、旭川と鹿児島を結ぶ全長4100キロの全国新幹線鉄道を建設する」との基本方針も含まれている。巻末には、その新幹線鉄道網の構想図まで掲載されている（表2）。

官僚たちから「霞が関に分散していた知的集積をすべて吸い上げられた」（前野雅弥『田中角栄のふろしき　首相秘書官の証言』日本経済新聞出版社、令和元年）との声が洩れるほどの内容を実質的にまとめあげたのは、同会の会長である田中の秘書たちであった。そのため、自民党内の調査会による政策提案という建前にはなっているが、その内容は田中が議員立法の制定に集中していた時期から抱いていた日本全体の国土開発に関する考えを強く反映したものと言える。執筆に携わった秘書の早坂茂三も、「（都市政策大綱は）田中

表2 「都市政策大綱」と『日本列島改造論』の項目対照表

「都市政策大綱」に列挙した提言が『日本列島改造論』に活かされていることがわかる。(「都市政策大綱」第1-8(1)～(7)は『日本列島改造論』の第Ⅳ章で詳述し、(8)のみ第Ⅴ章に反映されている)

「都市政策大綱」に掲げられている提言の概要		内容が対応している『日本列島改造論』の項目名
第1　都市政策の基本方向		第Ⅳ章　人と経済の流れを変える
8　基幹交通・通信体系の建設		工業再配置を支える交通ネットワーク
(1)	日常生活圏を拡大して地域格差を解消するため、時間距離を短縮し、人、物、情報の大量移動を可能にさせる。	1　一兆三千二百億トンキロをどうさばく
(2)	表日本と裏日本を縦横に貫き、旭川と鹿児島を結ぶ全長4,100キロの全国新幹線鉄道を建設する。	2　開幕した新幹線時代
(3)	日本列島の4つの島をトンネルまたは長大橋で結ぶ。同時に、都市と農村を連絡し、全国を道路の網の目で覆い尽くすよう一般道路の整備を進める。	3　縦貫と輪切りの高速道路 4　四国は日本の表玄関
(4)	成田空港の建設、羽田・伊丹空港の設備拡張を急ぐとともに、国際空港を新設する。	7　ジャンボとSTOL機で結ぶ日本の空
(5)	東京湾、伊勢湾、大阪湾、関門海峡など広域外航湾の施設を計画的に拡張するとともに、数か所の国際貿易港を建設する。	5　工業港と流通港の整備
(6)	石油、木材、鉄鉱石などの輸入原料を受け入れる港湾基地を外洋に面した適地に建設する。特にタンカーの大型化時代に応じた共同原油基地を早急に建設する。	5　工業港と流通港の整備
(7)	鉄道、自動車、海運、航空の各機能に応じて輸送物資・距離別の経済的・社会的コストを数量的に研究し、その結果に基づいた全国交通計画を定める。	1　一兆三千二百億トンキロをどうさばく
(8)	情報革命時代に対応してコンピューターの機能を駆使し、基幹通信体系を整備して産業及び生活の効率化を図る。	〔第Ⅴ章　都市改造と地域開発〕 1　花ひらく情報化時代

の政治哲学に沿って、問題解決の前提となる各般の資料を詳細に集め、専門家の意見を聞き、数字を基礎にして問題解決のための原則を確立し、具体的な手法を定式化し、再び田中政策の濾過紙にかけて成文化したものである」と明言している（早坂茂三『政治家 田中角栄』中央公論社、昭和62年）。

住宅問題や交通問題、さらに公害対策に至るまで、国土開発上のさまざまな分野に跨る諸問題について、問題ごとの対症療法的な施策ではなく総合的、体系的な政策を提示したこの「都市政策大綱」は、広く好評を持って受け止められた。政権与党である自民党への批判的な論調が多いと見られていた朝日新聞までが、「自民党都市政策に期待する」と題した社説で好意的に評した（昭和43年5月28日付朝刊）。

その4年後に刊行された『日本列島改造論』は、この「都市政策大綱」の内容を基本的に引き継いでいる。「都市政策大綱」公表時の好感触がその一因であることは疑うべくもない。『日本列島改造論』の執筆チームの中心人物だった小長元秘書官は、田中通産大臣の秘書官として着任した直後に「都市政策大綱」を熟読し、田中が手がけた33本の議員立法とともに頭にたたき込んでいた。これが、『日本列島改造論』の制作過程で大いに役立つことになる。いくら田中が連日自身の構想をレクチャーしたとしても、ベースとなる政策論が存在しているのとそうでないのとでは、執筆ペースは大幅に異なっていたはずだ。

すでにある「都市政策大綱」と、その内容に肉付けして刊行された『日本列島改造論』との大きな違いの一つは、具体的な地名の有無である。『日本列島改造論』の制作にあたり、田中は計画に具体性を持たせるため、「具体的に地名をいっぱい入れて書きたい」と望んだという（早野透「田中角栄――列島改造と戦後日本政治」杉田敦〔編〕『ひとびとの精神史 第6巻 日本列島改造――1970年代』岩波書店、平成28年）。国土開発に関する計画が具体的な地名を伴って書かれたことで、開発候補地として名前が挙げられた地域では土地の買い占めが行われ、地価が急騰した。このことは、『日本列島改造論』に対する強い批判を招いた。

だが、「都市政策大綱」と『日本列島改造論』の最大の、そしてわかりやすい違いを挙げるとすれば、前者は自民党の調査会の名義で出されたのに対して、後者は田中の個人名で出された点であろう。後者はその刊行経緯ゆえに強烈なインパクトを日本社会全体に与えたが、一方で、田中角栄という政治家のイメージ、とりわけ利権や金権、〝闇将軍〟などのマイナス要素と著書のタイトルが結びつけられ、一体視されがちになる。

そのことは、『日本列島改造論』という政策構想に対する後年からの批評の目を、いくばくかでも曇らせやすくしていると言えるのではないだろうか。原型となった「都市政策大綱」が幅広い層から高い評価を受けていたことに鑑みれば、50年後の有権者である私たちは、『日本列島改造論』を見る自らの観察眼の視界が先入観で歪んでいないか、他の政策を見るとき以上に自戒する必要があるのかもしれない。

昭和40年代までの鉄道政策史

創業期の鉄道政策

「日本列島改造論」が提唱する鉄道政策について考えるためには、前提として、同論が出た昭和47年までの日本の鉄道政策の推移を知っておく必要がある。今でこそ、国内の鉄道で公的機関が運営に直接携わるのは一部の都市の地下鉄や路面電車だけだが、当時は現在のＪＲも国有鉄道（国鉄）であり、その建設史は日本全体の近代交通を発展させる政策史そのものでもあった。

明治５（１８７２）年に日本で初めての鉄道が新橋〜横浜間に開業して以来、日本の主要な鉄道建設とその経営は、原則として政府が担う幹線官設主義に基づいて行われた。産業革命の推進に伴って、民間企業が鉄道建設の主役となった欧米諸国との大きな違いである。明治16（1883）年に上野〜熊谷間で開業し、その後も東北方面へ路線を延伸していった日本鉄道も、形式的には株式会社だが、建設工事を政府が代行したり、開業後の保線や運転を鉄道局が受託したり、50年後に政府が鉄道を買い上げる権利を認めるなど、幹線官設主義の影響が強く、純粋な私鉄とは言い難かった。

その日本鉄道の営業成績が良好だったことから、一時、全国各地で私鉄の建設が計画されたが、投機的な計画が多く開業に至らないケースが続出。経営が苦しい既存の私鉄の経営者からも、鉄道そのものは国が建設・運営すべしとする鉄道国有化論が沸き起こった。鉄道そのものの運営は国に任せて、鉄道の開通に伴って発達する地域の産業活動によって利益を得るサイクルを確立することを、私鉄の経営者たちが自ら提唱したのだ。

明治25（1892）年、国内に建設すべき33の鉄道路線を指定した鉄道敷設法が、帝国議会で可決・成立した。このとき指定された路線の大半は、中央本線や山陽本線など、北海道を除く現在のJRの幹線区間であった。それらを国の責任で建設する方針が、法律によって初めて明確に定められたのである。北海道の鉄道計画についても、明治29（1896）年に制定された北海道鉄道敷設法によって具体的な路線が指定されている。

もっとも、鉄道敷設法で指定された予定線も、帝国議会の協賛があれば私鉄による建設が認められた。このため、現在のＪＲの幹線クラスの路線が私鉄として建設され、営業運転が行われた。

皮肉なことに、この時期に誕生した私鉄は、官営鉄道や沿海航路との競合によってさまざまな旅客サービスを打ち出し、それが日本の鉄道事業全体に好影響を与えた。日本初の食堂車や一等寝台車の連結、長距離急行列車の運転など、後に他の鉄道事業者が追随する画期的なサービスを次々と打ち出した山陽鉄道（現・ＪＲ山陽本線）はその好例と言える。

だが、明治30年代の景気停滞と明治37（１９０４）年から翌年まで続いた日露戦争を契機に、民間企業家や軍部から鉄道の国有化への期待が高まっていく。こうして明治39（１９０６）年、鉄道国有法が成立し、山陽鉄道を含む全国の主要幹線が次々と政府に買収され、国有化されていった。我が国の鉄道は国の一元的な国土交通政策に基づいて発展させていくという原則は、この鉄道国有法の成立によって明確になったことになる。

政権交代ごとの鉄道政策の転換と鉄道敷設法の改正

鉄道国有法によって、国内の鉄道路線は国の予算で建設・運営されることになった。建設予定の路線は鉄道敷設法などで明示されているので、あとはその予定線を粛々と順次建設していく……ということになりそうだが、現実にはそうはならなかった。

鉄道敷設法及び北海道鉄道敷設法は、幹線以外の路線計画を何ら定めていなかった。幹線の建設が進めば、次はその幹線から分岐する地方の支線を建設しよう、と考えるのは、地域開発の観点からは自然な流れである。だが、法律に具体的な建設予定線が明示されている以上、そこに挙げられていない鉄道路線を同法に基づいて新たに建設するためには、同法自体を改定しなければならない。

そこで、法改正を経ないで国有鉄道を新たに建設するため、明治43（1910）年に制定された軽便鉄道法が活用された。すなわち、幹線ほどの高規格を要しない地方路線で、当該地方に私鉄経営に携われるほどの民間企業家がいなかったり、将来的に成長の見込みありと認められる路線であれば、鉄道敷設法に定められていなくても、低規格の軽便鉄道扱いで国が新規建設できるようにしたのである。この方法によって建設された路線は60線区以上に上った。

明治末期から大正にかけては、このような地方路線の新規建設を推進しようとする立場と、それよりも既存の路線の改良工事、具体的には線路の幅を広げてより規模の大きな鉄道に改良することに注力すべきとする立場とが、国政の場において激しく対立した。前者は新規建設を主とし、改良を従、つまり後回しにすることから「建主改従論」と呼ばれ、農村を主な支持基盤とする立憲政友会が主唱した。後者はその逆なので「改主建従論」と呼ばれ、明治末期に初代の鉄道院総裁を務めた後藤新平が提唱し、その後は政友会のライバル政党である憲政会の政策となっている。

この鉄道政策の違いは、大正7年に原敬率いる政友会が初の本格的政党内閣を組織して以降、五・一五事件で犬養毅首相が暗殺された昭和7（1932）年までの年度別の鉄道建設費と改良費の決算額の推移に顕著に表れている（**表3**）。原内閣が予算を組んだ大正8（1919）年度の鉄道建設費は、前年度の約1700万円からほぼ倍増（約3500万円）し、大正11（1922）年度には6800万円に達している。同時期の鉄道改良費は大正8年度こそ建設費同様に倍増したが、その後は微増にとどまっている。「建主改従」政策を採った政友会内閣の施政の結果が、この伸び率の差となっているのは明らかだ。

大正13（1924）年度以降に建設費が削減され、改良費が増加しているのは、逆に「改主建従」を主張する憲政会が鉄道政策の主導権を採った影響とみられる。昭和に入り政友会の田中義一内閣が発足すると、再び建設費が増加し、改良費は削減されている。昭和5

表3　大正中期〜昭和初期の鉄道建設費と改良費の年度別決算額（『日本国有鉄道百年史第7巻』をもとに作成）

年度	内閣総理大臣（所属政党）	鉄道建設費（円）	鉄道改良費（円）
大正7年	寺内正毅→原敬（政友会）	16,924,543	54,820,951
大正8年	原敬（政友会）	35,385,026	104,230,859
大正9年	原敬（政友会）	59,027,245	108,167,265
大正10年	原敬（政友会）→高橋是清（政友会）	58,297,204	124,831,152
大正11年	高橋是清（政友会）→加藤友三郎	68,044,798	138,512,731
大正12年	加藤友三郎→山本権兵衛	64,496,320	121,013,097
大正13年	山本権兵衛→清浦奎吾→加藤高明（憲政会）	57,291,734	132,640,787
大正14年	加藤高明（憲政会）	44,772,191	150,200,402
大正15／昭和元年	加藤高明（憲政会）→若槻礼次郎（憲政会）	47,953,430	83,621,651
昭和2年	若槻礼次郎（憲政会）→田中義一（政友会）	49,216,913	80,911,372
昭和3年	田中義一（政友会）	51,824,496	71,852,739
昭和4年	田中義一（政友会）→浜口雄幸（民政党〔憲政会が政友本党と合併して成立〕）	68,906,647	60,944,551
昭和5年	浜口雄幸（民政党）	41,715,774	29,783,237
昭和6年	浜口雄幸（民政党）→若槻礼次郎（民政党）→犬養毅（政友会）	37,706,907	28,429,451
昭和7年	犬養毅（政友会）→斎藤実	47,743,369	24,561,141

（1930）年度に両費用とも激減しているのは、浜口雄幸内閣の財政緊縮政策や世界恐慌の影響である。そして、昭和7年度に建設費が増加しているのは、政友会の犬養毅内閣が財政緊縮政策を解いたことで、政友会の「建主改従」政策が復活したからであろう。

このように、政権交代ごとに鉄道政策の方針が二転三転する状況において、一定の歯止めをかける役割を果たしていたのが、鉄道敷設法の改正法である。政友会出身で平民宰相と呼ばれた原敬内閣が発案し、大正11年に成立、施行された。全国各地の支線網を整備して、既存の鉄道敷設法や北海道鉄道敷設法によって整備されつつあった幹線と合わせて国内の鉄道路線網を完成させるのが目的である。別表として改正法に定められた予定線は149に及び、その総延長距離は1万キロを超えていた。

このような大がかりな法改正は、建主改従政策の実現を目指す政友会政権ならではの発想に基づいていた。毎年少しずつ新規路線の建設案を議会に諮ってそのたびに野党から攻撃されるよりも、完全な鉄道網計画を一気に策定して法律化したほうが、議会での審議は法律制定時の一回だけで済むし、いったん法律として成立してしまえば、その後にどんな政権ができても新規路線の建設を完全に無視することはできない、というわけだ。

現に、この改正法の別表に掲げられた予定線は、その後に同表に追加された路線も含めて、日本国内の鉄道建設の根拠となり続けた。現在のJR線には、この改正法に基づいて誕生した路

「平民宰相」と呼ばれた原敬（写真提供：原敬記念館）。鉄道敷設法の改正によって全国の鉄道建設計画の基礎を築いた

線が少なくない。同法が廃止されたのは制定から65年後の昭和62（１９８７）年、国鉄が分割・民営化されてＪＲになったときである。「石狩《いしかり》国白石ヨリ胆振《いぶり》国広島ヲ経テ追分《おいわけ》ニ至ル鉄道及広島ヨリ分岐シテ苫小牧《とまこまい》ニ至ル鉄道」（現在のＪＲ北海道・千歳線、石勝線の一部）などと、明治初期の北海道開拓使時代に設定された旧国名（石狩国、胆振国）を用いて建設予定路線を示した古風な法令が、昭和62年まで実際に施行されていたのだ。その時々の政権の意向に左右されず、日本全国に鉄道路線網を築き上げようとした原敬の目的は、長期的視野に立って成立した鉄道敷設法の改正法によって、概ね達成されたと言えるだろう。

国の直営から独立採算制の国鉄へ移行

第二次世界大戦中に戦時非常体制の一環として地方私鉄の買収が行われ、国有化された鉄道路線が増えたところで終戦を迎えると、日本の国有鉄道は、鉄道省やその後継の運輸省など中央省庁によって直接運営する方式から、独立採算制の公共事業体によって運営する方式に移行することになった。こうして昭和24（１９４９）年に発足したのが日本国有鉄道、すなわち国鉄である。

もっとも、国鉄の予算は政府関係機関の予算として国会での審議対象とされ、最高責任者である国鉄総裁は内閣に任命権があるなど国の強い監督下に置かれており、独立採算とはいっても国の財源が投入される公共事業であることは戦前と変わりなかった。明治39年に制定された鉄道国有法も、鉄道敷設法の改正法と同じく昭和62年の国鉄分割・民営化まで存続している。

国鉄の発足を受けて、戦後の国有鉄道の建設は、運輸省内に設置された鉄道建設審議会（鉄建審）という諮問機関での検討を経るように鉄道敷設法が改正された。これにより、大正11年に成立した鉄道敷設法の別表に挙げられている予定線の中から、建設のための調査をする路線（調査線）や実際に建設工事を行う路線（工事線）を選び、鉄建審がその対象路線の選定の妥当性を審議したうえで具体的な予算措置などを講じていく、というのが、昭和20年代後半以降の鉄道政策の基本スタイルとなった。

ただ、独立採算制の国鉄にとっては、法律で定められている予定線とはいえ、赤字必至の地方ローカル線を建設して開業することは、事業体としての財務状況を自ら悪化させることに繋がる。後に東海道新幹線の開通に尽力した十河《そごう》信二は、昭和30（1955）年に国鉄総裁の職を引き受けるときの条件として、「赤字線の追加建設を強要しない」ことを運輸大臣に要請していたという（有賀宗吉『十河信二』十河信二傳刊行会、昭和63年）。この伝記『十河信二』によれば、国会で地方ローカル線の建設に関する予算がついていても、十河はやりくりをして東海道新幹線の建設費用などに回してしまったりもしたとされる。

鉄道建設による地域振興の必要性と国鉄の健全な財務状況確保の要請をどう調整するか。この問題について、一つの明確な方向性を打ち出したのが、昭和36（1961）年に鉄建審の小委員長に就任した田中角栄であった。当時、鉄建審の会長は自民党の総務会長が、その鉄建審の審議案件を運輸省の事務

昭和37年、新幹線試作車両の前に立つ十河信二（中央。写真提供：十河信二記念館）

局とともに事前にとりまとめる小委員長には政務調査会長（政調会長）が務める慣例になっていた。

田中は鉄建審の会合で、次のような発言をしている。

「私は、鉄道はやむを得ない事であるならば赤字を出してもよいと考えている。鉄道というものがほんとうにもうからなければならないものであり、もうかる企業であるならば国がやる必要がない。私鉄にやらせればよい。もうからないところでも定時の運行をして経済発展という立場でこそ国有鉄道法の必要が私はあると思うのである」（昭和37年3月28日付第34回鉄建審議事録より。『日本国有鉄道百年史 第13巻』）

このような「地方の経済発展のためならば鉄道は赤字を出してもよい」という意見は、その後、地方の新規路線建設を推進するための政策として具体化していった。国策としての鉄道建設を担うため、国鉄とは別組織である日本鉄道建設公団（鉄建公団）が昭和39（1964）年に発足。巨額の公共事業費を要する鉄建公団の設立には政官界に慎重な意見も少なくなかったが、昭和37年から40（1965）年まで大蔵大臣の座にあった田中は、具体的な予算措置や関係法令の制定などを通じて尽力した。

鉄建公団の誕生によって、新線の建設は国鉄から切り離され、国鉄では予算不足でできなかった地方ローカル線の新規着工が次々と予算化された。鉄建公団の予算のうち、ローカル線の建設費は設立直後の昭和39年度が55億円弱だったのに対し、『日本列島改造論』が刊行された昭和47年度には220億円と4倍以上に膨らんでいる。

その一方で、国鉄は、どんなに大きな赤字が見込まれる路線でも、政府が決めて鉄建公団が建設したら、それを引き受けて運営しなければならない立場に置かれた。鉄建公団が誕生し、東海道新幹線が開業した昭和39年に、国鉄の単年度収支は8年ぶりに赤字に転落。その後、昭和62年の国鉄分割・民営化まで、二度と黒字に戻らなかった。

国としても、国鉄の財務事情の悪化を漫然と放置しておくわけにはいかず、我が国の鉄道政策史上初めて、国政の場で、営業成績が一定基準を下回るローカル線の廃止が議論されるようになった。昭和43年に国鉄総裁の諮問機関（日本国有鉄道諮問委員会）が全国83線区、総計約2600キロの地方ローカル線の廃止を勧告し、政府も昭和44（1969）年から45（1970）年にかけて、赤字ローカル線の廃止によって国鉄の財政再建を図る方針を打ち出している。このとき、廃止候補となったローカル線は「赤字83線」と呼ばれている。

　だが、赤字ローカル線を廃止して国鉄の財政再建を図ろうとしているのに、鉄建公団による地方ローカル線の建設事業はそのまま進められた。赤字が必至の地方ローカル線の建設が全国各地で進んでいるのに、「国鉄の赤字解消のため、あなたの地元の鉄道を廃止にします」と言われて納得する有権者はいないだろう。

　結局、赤字83線の多くは地元の反対運動にあい、昭和47年7月の田中内閣の発足までに実際に廃止されたのは11線区、１００キロ強にとどまっている。

新幹線を地方開発の切り札に流用

　赤字ローカル線問題と並んで、昭和40年代の鉄道政策において重要な位置を占めるようになったのが、新幹線の整備計画である。「都市政策大綱」にもその後の『日本列島改造論』にも、ローカル線の建設と並んで、新幹線網の全国への拡充が国土開発の重点政策であると謳われている。

　ローカル線と新幹線は、建設の際に鉄道敷設法に根拠を求められるかどうか、という点で大きな違いがある。大正時代に改正された鉄道敷設法には、将来の新幹線建設予定線などどこにも書かれていない。昭和39年に開業した東海道新幹線は、鉄道敷設法の根拠なしに国鉄が独自に建設できたという意味で特殊な存在であり、全国へ新幹線網を拡充していくうえでの良き先例にはなりにくい事情があった。

そもそも東海道新幹線は、旅客・貨物とも輸送量がすでに限界に達し、これ以上列車本数を増やすことができない状況にある在来線（東海道本線）の増強を図ることが本来の目的であった。「線路の増強」で最も一般的なのは複線化、複々線化だが、国鉄は「すでにある東海道本線を増設した別線」を、線路の幅が国鉄の在来線（軌間１０６７ミリ）より広い国際標準軌（軌間１４３５ミリ）で建設するという手法を選んだのだ。

この場合、あくまでも「新線の建設」ではなく「すでにある路線の複々線化」なので、鉄道敷設法に建設区間が書かれていなくても関係ないし、鉄建審や国会の承認もいらず国鉄の経営判断で建設できる、という理屈が成り立つ。横浜と新横浜、岐阜と岐阜羽島など、駅まで別なのに「あれは在来線の付け足しだ」と言い張るのは屁理屈同然の論法だが、その論法が、鉄建審や国会での審議など鉄道敷設法の手順を踏まずに建設することを可能にした。

だが、この論法は、在来線の増設を図る必要がない大半の路線では通用しないし、並行する在来線が存在しないところにいきなり新幹線を造ることもできない。建設するかどうかも、国鉄が経営上の観点から判断することになる。そのため、政府が国土開発計画の一環として新幹線を全国展開するには、鉄道敷設法とは別に、新幹線独自の枠組みを構築する必要があった。

自民党が「都市政策大綱」で、「全国新幹線鉄道を建設する」ことを提案した翌年（昭和44年）、政府は「新全国総合開発計画」（新全総）という国土開発計画を閣議決定する。これには「日本列島の主軸を形成する高速交通施設として、（中略）札幌・福岡間約2000キロメートルについて、高速道路、新幹線鉄道の建設を計画、実施する」と明示されている。鉄建審及び運輸省はこれを受けて、全国に新幹線を整備する新法の制定に取り組んだ。

その中心にいたのは、鉄建審の委員にして自民党幹事長でもあった田中角栄である。田中は新幹線新法の準備とは別に、自動車重量税の一部を鉄道建設に回してその財源を確保するための新しい税法（自動車重量税法。昭和46年成立・施行）の制定にも関わっている。

東北・上越・成田新幹線の着工が決定

この新幹線新法で注目されたのは、法律の本文ではなく、添付される別表であった。大正時代に改正された鉄道敷設法と同じように、建設すべき新幹線ルートは別表に列挙することになっていた。運輸省は当初、その記載路線を約3000キロとしていたが、法案策定の過程で自民党の運輸族議員が自分たちの選挙地盤を利する路線を加えていったため、最終案では全国9000キロにも及んだ。

ところが、こうして鉄建審や自民党内の了解を取り付けた法案が、国会提出の直前に、首相の佐藤栄作から反対されるという異例の事態が起こった。「法律に路線や区間を書くと、後の政府の行動を縛ってしまうので、別表や図表は外せ」というのだ。

佐藤はもともと鉄道省の官僚で、戦前には九州の鹿児島本線二日市駅で駅長を務めたこともある。終戦直後には事務方トップの運輸次官（事務次官）も経験しており、鉄道行政には詳しかった。当然、大正時代に激しい「我田引鉄」の駆け引きを経て成立した鉄道敷設法の改正法別表に具体的な新規建設予定線が明示された経緯や、その効果については相当に熟知していたと思われる。

反対する佐藤に田中が直談判したが、佐藤の意思は変わらなかったという。元・鉄道官僚の佐藤が首相でなかったら、鉄建審の原案通りの新法が成立していたかもしれない。

　こうして、昭和45年5月に全国新幹線鉄道整備法（全幹法）が成立。鉄道敷設法に拠らず新幹線を全国に展開できる環境が整ったが、運輸族議員がみんなで加筆したとされる別表は削除され、具体的に建設する路線は運輸大臣（現・国土交通大臣）が決定するものとされた。全幹法は令和4年現在も施行中の現行法であり、全国の新幹線建設の根拠法となっている。

上越新幹線浦佐駅前の田中角栄像（著者撮影）。本人の生前（昭和60年。衆議院議員在職中）に建立された

　この新法に基づき、運輸大臣の橋本《はしもと》登《と》美《み》三郎《さぶろう》は翌昭和46年1月、最初の新規路線を東北・

上越・成田の3新幹線に決定した。鉄建審ではほとんど議論らしい議論がないままこの3路線の建設が承認されたことから、鉄建審会長で岩手出身の鈴木善幸《ぜんこう》（後に首相）、新潟出身の田中と群馬出身の福田赳夫（後に首相）、千葉出身の政調会長・水田三喜男（元・大蔵大臣）がそれぞれ自分の地元へ通じる路線を優先させたのではないか、との見方も根強かった。

『日本列島改造論』の刊行前に運輸大臣が建設を決定した新幹線は、この3線のみである。東北・上越の両新幹線では、同年11月末に両線合同の起工式が行われている。田中が日刊工業新聞社のインタビューを受けて『日本列島改造論』の刊行を思い立ったのは、上越新幹線の起工式の直後であった。

第二章　高速新幹線ネットワークの50年

『日本列島改造論』が説く新幹線論

新幹線は工業再配置のため

『日本列島改造論』で提唱されている政策のうち、鉄道政策と呼べるものは、「人と経済の流れを変える」と題した第Ⅳ章に盛り込まれている。同章はさらに「工業再配置で描く新産業地図」と「工業再配置を支える交通ネットワーク」の二つの大項目で構成され、鉄道建設に関することはほぼ後者にまとめられている。

同章は前半の「工業再配置で描く新産業地図」において、日本列島を今よりももっと豊かで、公害が少なく、住みやすい国土に改造するためには、開発の重点を都市から地方へ移し、都市改造と地方開発を同時に進めて過密と過疎の同時解消を図ることが必要であると説く。そのためには、社会資本を先行して整備することと、過密都市から地方に向けて、地域振興の主導力である工業を積極的に移転させる「工業再配置」が必要であると主張している。全国新幹線鉄道網の建設をはじめとする全国的な交通ネットワークの整備は、この工業再配置と同じく国土総合開発大系の一環であるが、その中核的な政策は工業再配置であるとする。

その解説には、具体的な地名が付されている。「太平洋ベルト地帯の大都市とその周辺地域から遠隔地や裏日本へ向けて工業の大移動を行ない、これらの地域で新たに工業をおこそうというものである」、「もっと具体的にいうと、首都圏既成市街地と近畿圏既成都市区域（中部圏の取扱いは未定）を工業の移転促進地域に定め、この超過密地域から工業を追出し、同地域の工業用地約二万ヘクタールを一万ヘクタール程度に半減させることを目標にしている」、「工業の受入れ先として北海道、東北、北陸、山陰、四国、九州、沖縄の全域と、その他いくつかの県を誘導地域に設定している」といったところである。

そして、鉄鋼や石油化学、電力などの基幹資源型産業（あらゆる産業が使う素材を生産し、動力を供給する産業）は日本列島の北東地域と西南地域へ配置すべきとして、苫小牧東部（北海道）や周防灘《すおうなだ》（山口県、福岡県、大分県）など具体的な臨海地域を挙げている。他方、機械工業や医療機器、住宅機器などのシステム産業の多くは多量の工業用水を要しない内陸型工業であるとして、農村地域への展開を推奨する。ここでも、候補都市として津山（岡山県）、横手（秋田県）、三条・長岡（新潟県）、都城（宮崎県）などを具体的に列挙している。特に、豪雪地や寒冷地などは雪が天然のダムとなり、水が豊かで土地も広く、優れた潜在的労働力を有しているので工業化に適していると強調する点は、新潟出身の田中らしいポイントと言える。

このような工業再配置が実現すると、先行して整備すべしとしている社会資本、すなわち新幹線網や高速道路網などの交通ネットワークが活用されることによって、物流の流れが従来と大きく変わることになる。すなわち、それまでの日本では「首都、近畿、中部の大都市圏で素材を生産し、加工し、消費し、同時に全国に分配してきた」が、工業再配置によって「遠隔地の大規模臨海工業基地で素材を生産し、内陸で加工し、全国の消費地に配分するという形」に移行する。そうすると、全国に建設した新幹線網や高速道路網は「地方の人間を大都市に吸いあげる求心力から大都市の人間を地方に運ぶ遠心力へと転換する」ことになる。全国に新幹線網を築く根源的な目的はここにある、というわけである。

第一目標は「日本列島の主要地域を一日行動圏にする」こと

このように、高速交通ネットワークは工業再配置のため、先行して取り組むべき政策であり、「欠かせない条件」と位置づけている。人、モノ、情報が迅速かつ大量に移動できる環境がなければ、生産機能や人口の地方分散はできないからである。地方都市に通じる鉄道や道路など生活の基盤となるインフラを整備して、地方における産業立地の不利を補う必要がある、と説く。

そのために必要な時間と距離の短縮目安として、次の3点を挙げている。第一に、「日本列島の主要地域を一日行動圏にすること」、第二に「東京、名古屋、大阪などおもな都市相互間の所要時間を一時間圏内に組入れる」こと、そして第三に「東北、北陸などの全国各地区をいまの一県以内の距離感に圧縮する」こと、である。

このような目標は、何といっても昭和39（1964）年に開業した東海道新幹線と、昭和44（1969）年に全線開通した東名高速道路（名神高速道路は昭和40年に開通済み）の実績が大きいだろう。「すでに太平洋ベルト地帯では新幹線鉄道と高速自動車道の建設によって一日行動圏が百キロメートルから五百キロメートル以上に拡大した。行動圏が五倍になったことは、人間の活動範囲が十倍にも十五倍にも拡大したことを意味している」とのくだりからは、開業からまだ数年内の新幹線と高速道路が当時の人々にとって社会の動きを一変させる劇的な存在であったこと、そしてこれを全国へ拡げていくことへの期待の大きさが窺える。『日本列島改造論』刊行の3カ月前には、山陽新幹線の新大阪～岡山間が開業したばかりで、九州・博多への延伸工事も進められていた時期である。

新幹線の速さを強調すべく、同書では東海道新幹線の利便性について、乗車時間と運賃・

料金、そして捻出される労働時間の数値を挙げて、以下のように説明している。

「新幹線鉄道のメリットについては、もはや多言を要しない。朝の八時に東京駅から『ひかり号』で出発した乗客は、午前十一時十分に新大阪駅に着く。片道三時間十分は日帰りに十分な時間である。しかも料金は現在の一人あたりの国民所得から割出してほぼ二日分の収入をあてれば足りる。

（中略）ある学者の計算によると、三十九年十月から四十六年三月までの東海道新幹線の乗客は三億六千三百万人であり、これらの人たちは在来線を利用した場合にくらべると総計八億三千五百万時間を節約した勘定になる。これを生産にあてはめると五千五百億円に相当する効果があり、労働時間に換算すると三十五万人のホワイトカラーを産み出したことになるという。三十五万人の労働力というのは神戸市クラスの労働力にあたる。このように新幹線鉄道は人間の移動を効率化し、経済の生産性を高めているのである」

東京～新大阪間の東海道新幹線「のぞみ」の所要時間が最速で2時間半を切っている令和の時代の感覚でこの「新幹線鉄道のメリット」の部分を読むと、片道3時間10分というのはやや遅いとすら感じるかもしれない。だが、東海道新幹線の開業前日まで東京～大阪間を在来線経由で走っていた特急「こだま」は、片道の所要時間が6時間30分だった。これでも、昭和33（1958）年に初めて「こだま」が登場したとき（当初は所要6時間50分）は、「初めて東京から大阪まで日帰りで往復できる」ことがセールスポイントとなり、「ビジネス特急」という別名まで付されていた。その所要時間がさらに半分以下になったのだから（ただし、東海道新幹線の開業直後は東京～新大阪間の所要時間は最速4時間。3時間10分になったのは翌昭和40年から）、新幹線のスピードの衝撃度は、現代からは計り知れないほどの大きさだったのだろう。

人口の少ない地域に新幹線の駅を造るべき

同書には、「全国新幹線鉄道網理想図」という略図が描かれている。そこには、当時開業していた東京～岡山間の東海道・山陽新幹線のほかに、北海道から鹿児島まで全国に新幹線の路線が文字通り網のように張り巡らされている。北は稚内《わっかない》や釧路、南は四国の徳島や高知、九州の長崎や宮崎、鹿児島まで、ほぼ既存の在来線の幹線に相当する区間に沿って新幹線の路線が描かれている。北海道と本州の間は、当時すでに建設工事が始まっていた青函トンネルで結ばれているが、本州と四国との間に現在の瀬戸大橋付近のほか、大阪から淡路島を経由して徳島へ至る路線、さらに愛媛県あたりから九州の大分へ直結する路線も見られる。

　このような四国の扱いは、同書が「四国は日本の表玄関」とする見出しで独立項目を設け、重視しているところから来ている。同書が言及する本州と四国とを結ぶ連絡橋は神戸～鳴門《なると》間（現在の明石海峡大橋と大鳴門橋）、児島～坂出間（現在の瀬戸大橋）、尾道～今治間（現在のしまなみ海道）の3つだが、JRの在来線が走っている瀬戸大橋だけでなく、当初は神戸～鳴門間にも鉄道を走らせる計

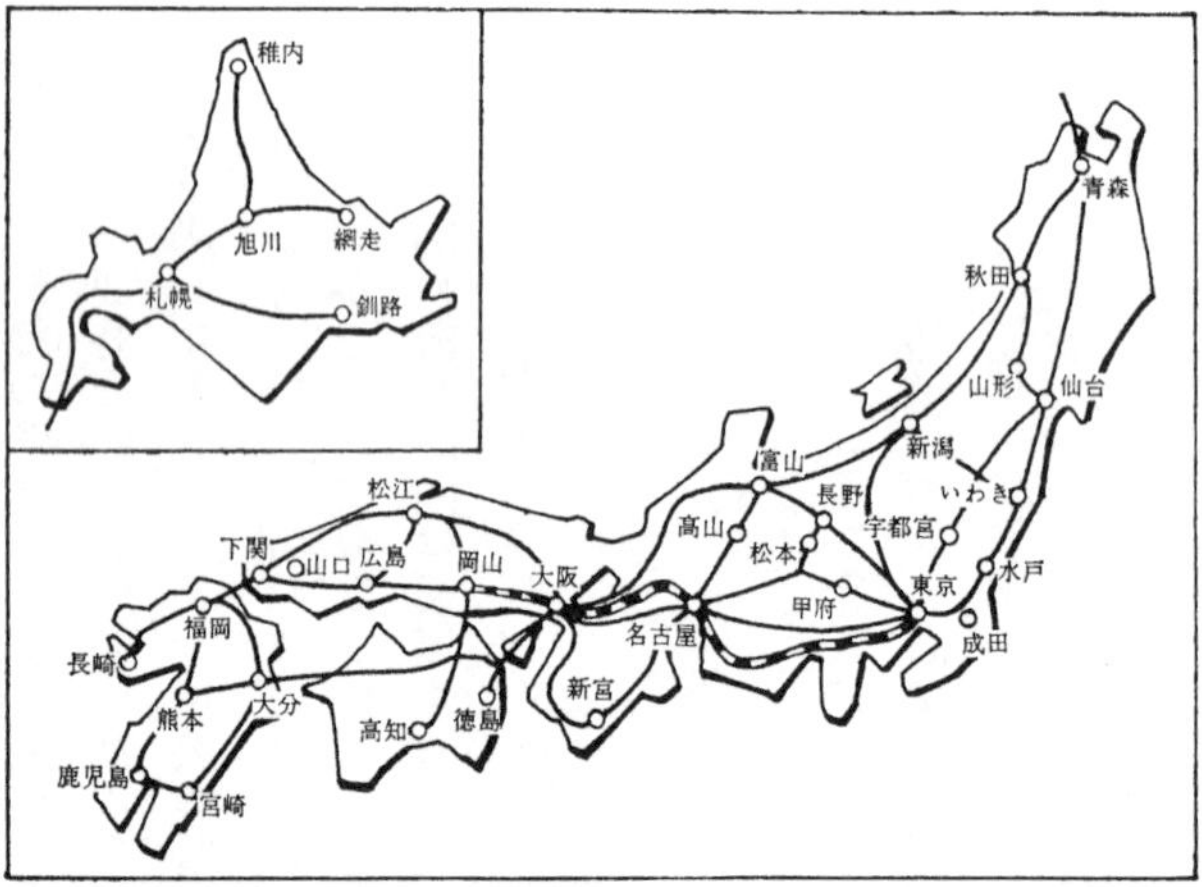

『日本列島改造論』に掲載された「全国新幹線鉄道網理想図」。この簡素な略図に同書の新幹線網拡大構想が凝縮されている（協力：日刊工業新聞社）

画だったのだ（完成した大鳴門橋は将来、鉄道を走らせることができるスペースが確保されている）。同書は「本州からみた四国は近くて遠い島である。広島、岡山県はもちろん、京阪神地帯から近いにもかかわらず、四国の道路改良率や国鉄複線比率、水道や電話の普及率などは全国平均にくらべて低く、社会資本の整備がおくれている」と断言している。そういうポジションにある四国に、あえて新幹線を通そうというのである。

先行投資としての新幹線の建設によって地域開発を進め、太平洋ベルト地帯とそれ以外の地域との格差解消を図るツールとして、新幹線を活用しようという発想は、在来線の輸送力の行き詰まりを打開するために建設された東海道・山陽新幹線の誕生経緯とは大きく異なる。昭和45（1970）年に成立した全国新幹線鉄道整備法は、まさにその発想を実行するために制定されたと言える。

同書はこうした新幹線を「地域開発のチャンピオン」と称し、すでに建設が決定している東北・上越・成田新幹線のほか、基本計画に組み入れるべきルートとして北陸新幹線（東京〜富山〜大阪）、九州新幹線（博多〜鹿児島）、東北・北海道新幹線（盛岡〜青森〜札幌）の3線も、全国新幹線鉄道整備法に基づき、運輸大臣が建設を開始すべき路線を定める基本計画に組み入れることとなった、とする。これ以外にも、地域開発の新幹線として奥羽

北陸新幹線（青森〜秋田〜新潟〜富山〜大阪）、中国四国新幹線（松江〜岡山〜高松〜高知）、九州四国新幹線（大阪〜四国〜大分〜熊本）、山陰新幹線（大阪〜鳥取〜松江〜山口）、北海道縦貫新幹線（札幌〜旭川〜稚内、旭川〜網走）、北海道横断新幹線（札幌〜釧路）の名を列挙している。

これらの新幹線が全て開業して、「九千キロメートル以上にわたる全国新幹線鉄道網が実現すれば、日本列島の拠点都市はそれぞれが一〜三時間の圏内にはいり、拠点都市どうしが事実上、一体化する。新潟市内は東京都内と同じになり、富山市内と同様になる」と効果を解説している。ここでも、「新潟市内は東京都内と同じに」という例示が、田中角栄らしさを感じさせる。

同書はさらに、建設ルートだけでなく、その途上にある駅の建設方針にも言及する。

「これからの新幹線鉄道は、人口の集中した地域を結ぶだけではなく、むしろ人口のすくない地域に駅を計画的につくり、その駅を拠点にして地域開発をすすめるように考えなければならない。その場合、国鉄、地方自治体などが協力して、新設する駅と、その周辺地域の土地を先行取得することが必要である。そして、その地域の総合的な都市計画の一環として駅、駅ビル、広場、ターミナルなどの関連施設を建設する。関連施設の建設や運営、管理には国鉄、地方自治体に民間企業も加えて第三セクターの設立を考えたい」

新幹線を、既存の地方都市間の移動時間を短縮するための手段としてだけでなく、地域開発の中核的存在と捉えて、将来の開発に適した地域が新幹線の中間区間にあれば、新駅を基軸に一から新しい都市を造ろう、というわけだ。これも、新幹線網が拡大すればするほど、その事例が増えることになるから、まずは国家として新幹線そのものを増やすべき、という話に繋がる。

在来線は貨物輸送中心に切り替えるべき

新幹線を既存の在来線の輸送力と関係なく自由に建設するとしても、全国に新幹線ネットワークが拡がれば、在来線と新幹線が重複する区間は必然的に生じる。同書はその場合について、通勤、通学以外の旅客輸送の大部分を新幹線に移すことを提唱する。新幹線と競合する在来線は貨物輸送に比重を移すべき、ということである。

そもそも同書は、刊行当時の国内貨物輸送量が、それから13年後の昭和60（1985）

年までにどれだけ増大するかを示したうえで、その時点での鉄道貨物輸送力を前提にすると増大分を道路輸送、つまりトラックでは対応しきれないと予測している。トラックの台数も足りないし、仮に必要なトラックがあったとしてもそれを走らせる道路整備が追いつかず、さらにその台数に対応するだけのトラック運転手を確保することも不可能であるから、鉄道による貨物輸送力を向上させなければ抜本的な解決にはならない、そのためにまず新幹線を建設し、旅客輸送を新幹線中心に切り替えたら並行在来線を貨物輸送中心にする、だから新幹線が必要なのだ、という理屈である。

ただし、新幹線を旅客専用鉄道とすることにこだわっているわけではなく、「全国新幹線にも貨物輸送の機能と能力を与え」るべきである、とも主張している。また、鉄道輸送と道路輸送が社会全体で効率よく機能を果たすためには、近距離貨物輸送は自動車、中距離輸送は鉄道、遠距離は内航海運というように、交通機関ごとに特性に応じて役割を分担すべきである、とも説いている。

『日本列島改造論』に対する当時の批判

田中内閣発足直後から批判書が多数

『日本列島改造論』が他の政治家による政策提言書よりも遥かに存在感が大きく、世の注目を集めたのは、それが立法府の単なる一議員ではなく、行政府の最高責任者である現役首相が目指す日本社会のあり方を、その首相自身の名の下に、具体的な数値や地名を伴って描かれていたからである。同書の4年前に自民党が発表し、同書の原型とされている「都市政策大綱」も、政策実現に大きな影響力を持つ政権与党の提案という点で大きな意義を持っていたが、新首相自身が提案者となった同書のインパクトの比ではなかった。

当然ながら、首相自身の政策提言である以上、野党はこれに対して反論していくことになる。実際に政権を持つ最高責任者の政見や政策が世の批評を受けるのはいつの世も変わりないが、では当時の野党は、実現性があり、国民の多数が支持し得るような反対意見を提示し得ていたのだろうか。それを知ることは、その後の政策の動きがどのような世論や見方をもとに進んでいったのかを理解する一助となるだろう。

爆発的なベストセラーとなった『日本列島改造論』に対抗するように、同書の刊行直後から反論本が多数出版されている。その中で、田中内閣発足の4カ月後、昭和47（1972）年11月に読売新聞社から刊行された『日本列島改造論批判―わが党は提言する―』には、当時の主要野党である日本社会党、公明党、民社党、日本共産党の4党による『日本列島改造論』批判が収録されている。この刊行直後に衆議院が解散され、12月に総選挙が実施されている。『日本列島改造論』以外にも、9月に成立した日中国交正常化（中国との国交樹立、台湾との断交）の実績に対する政権与党への評価の側面もあった総選挙だが、結果的にこの批判書は、『日本列島改造論』の与野党間の対立点を選挙前に整理していたことになる。

社会党は新幹線の将来像に言及せず

日本社会党は、当時の委員長、つまり党トップだった成田知巳《ともみ》の名で同書に批判文を寄せている。現在の社民党の前身である日本社会党はこの頃、衆議院でほぼ100～150の議席数を有する第二党だったが、昭和35（1960）年以降は最初から衆議院の過半数の候補者を擁立していない。つまり、現実に自党単独で政権を担う可能性はゼロである。

とはいえ、数の上では野党第一党であるから、『日本列島改造論』への批判も広範にわたる。対案として提言する「平和と人間優先の『社会改造計画』」について、「この計画は最終的には、金権万能、弱肉強食の資本主義の制度を変革し、社会主義を実現することにつながっている。資本主義の矛盾は深刻であり、社会主義でなければ、その矛盾を解決することはできないからである」と宣言しているくらいなので、資本主義体制を前提に政策を立案する自民党政権の政策に対して全面否定的なスタンスになるのは致し方ないのかもしれない。社会党とはそういう政党だったのだ。

交通政策については「八　土地、交通の社会化」という項目で、「国民の足を守る交通政策」として7つの提案を列挙している。ただ、その7案の中に、都市部の通勤鉄道や地方鉄道の保護に関する記述は見られるが、新幹線のような高速鉄道、広域鉄道ネットワークについての言及はない。

交通の高速化を積極的に推進することへの批判は、『日本列島改造論』が唱える「工業再配置」に対する反論の文脈に見ることができる。いくら高速道路の延伸を進めても交通の過密化の抜本的な解決にはならないのに、「この現実を無視して、日本列島を一日行動圏にする交通の高速化は、全国土を現在の東京と同様の状態に陥れるであろう」、「新幹線、高速道路の中間地域は取り残され、過疎現象を拡げることにもなるであろう」と予測している。そのうえで、地域開発に対する考え方として、「日本全体に一日行程の交通網をつくり、人間の行動圏を拡大しようと」することは「大資本にとって都合がよく、住民にとっては近所へ行くのも不便になり、高くつくような大資本優先の日本列島合理化計画となるだろう」と断定し、「狭い日本列島を、高速交通機関と通信ネットワークで中央に結びつけること」に疑問を呈している。

このように、日本全国に高速交通ネットワークを形成しようとする『日本列島改造論』に対する社会党の反論は、総論として「鉄道、道路ともに高速化を優先させることなく」とは言っているものの、各論としての、新幹線という新しい高速鉄道の現状や将来的な位置づけについては具体的な言及がない。高速道路の新規建設に対しては『日本列島改造論』が挙げる数値をもとに異を唱えていることと比較すると、「新幹線」という単語の使用自体、全文にわたって意図的に避けているのではないかと思えるほどだ。東海道新幹線の開業から8年が経ち、事前の予測を上回る好評ぶりが国民の間に広く共有されていた状況で、「新幹線」を名指ししてその存在意義や将来の活用を批判することは、さすがの社会党も有権者の理解が得られないと判断したのではないか、というのが、令和の世での読後感である。

新幹線貨物列車を提唱した公明党

二番手として同書に登場するのは公明党である。当時の党中央執行委員長であった竹入《たけいり》義勝《よしかつ》（平成10年に同党を除名された）の名で「『日本福祉列島』への改造論」と題した反論文を寄せている。当時の公明党は昭和39年の結党からまだ10年も経っていないが、この時点では社会党に次ぐ第三党だった（ただし、この直後の12月総選挙で公明党は大幅に議席を減らし、日本共産党を下回った）。

公明党の寄稿は「高度成長、生産第一主義よりも、福祉と所得の向上を図る」ことを基本理念に謳っており、『日本列島改造論』を「国土改造を生産力拡大のテコとしている」点で誤っていると批判する。だが、各論をよく読むと、必ずしも全否定ではなく、実質的に同意見と見られる箇所も散見される。

交通政策に関しては、「都市と農村地域の時間距離を短縮する」ことを提唱し、そのための方策は「物の輸送は鉄道を中心とし、人の流れは鉄道と、それを補充する形で車を利用すること、現在の幹線道路、高速道路をトラックに占領されないですむようにしようとする」ことを念頭に講じるべきとして、次のように新幹線にも言及した具体策を提示している。

「貨物輸送がトラック輸送中心になったのは産業高速道路が建設された結果、鉄道輸送がトラックに比べて時間的コストが非常に大きくなったことにある。これが国鉄財政の赤字の一因となり、道路がトラックに占領された原因でもあるのである。これを打開し、鉄道中心の輸送体系を確立するためには、新幹線の建設による新幹線貨物列車の運行、在来線による高速コンテナー輸送等、高速貨物輸送網を確立、料金体系も鉄道が有利になるように改めなければならない。その意味から産業用高速道路の建設は見合わすべきである」

新幹線にも貨物輸送を担わせる、という方策は、『日本列島改造論』にも見られる。公明党の寄稿にあるこのくだりは、その主張に賛同している部分と言える。

ただ、新幹線による貨物輸送は、国鉄内部、特に東海道新幹線計画に直接携わる技術陣などの間では、開業前から否定的な見方が主流だった。在来線である東海道本線の輸送量が逼迫している理由の一つは、速度が異なる旅客列車と貨物列車が混在しているからであり、だからこそ、新幹線を旅客専用にして在来線における貨物輸送の比重を高めようというのが、東海道新幹線建設の本来の主旨だからである。

とはいえ、新幹線を貨物輸送にも活用すべきとする見解は、東海道新幹線の開業後も国会でしばしば議論の対象となっていた。ところが国鉄側は、「時期は未定だが将来は貨物列車も走らせる」と言ってみたり、「在来線で貨物輸送は全部対応できるようになるから新幹線に貨物列車は不要」と答弁したりと、態度がはっきりしなかった。

こうした国会答弁がしばらく続いたのは、線路の幅が異なる在来線との直通運転ができない新幹線での貨物輸送は採算が合わないと国鉄側はわかっていたものの、「貨物列車を運転しない予定だと言えば非難が殺到し、何より予算を獲得できない」ので、採算面での理解が進むまでは貨物輸送の計画を掲げ続けたのではないか、との見方がある（梅原淳『新幹線の謎と不思議』東京堂出版、平成14年）。

東海道新幹線の建設費用の一部は世界銀行（正式名称は国際復興開発銀行）からの融資によって賄っていたが、その出資審査の際には「将来は貨物輸送も計画している」との資料を国鉄が作成している。これも、確実に融資を受けるために、貨物輸送への活用も視野に入れていることを示す世界銀行向けのポーズだったとの関係者の証言が残っている（高橋団吉『新幹線をつくった男 島秀雄物語』小学館、平成12年）。

いずれにせよ、「都市と農村地域の時間距離を短縮する」という総論は『日本列島改造論』

が唱える「一日行動圏」の考え方と方向性は同じである。ただし、そのための具体策として鉄道の活用比重を高めるべきとして、「産業用高速道路」の新規建設には反対する立場を鮮明にしている。逆に、新幹線ネットワークの全国拡大自体には公明党として異論を示していない。

鉄道政策が読み取れない民社党の寄稿

「かつて、民社党という政党があった」。今や、そういう説明が必要な世代が多数になりつつある。民社党が新進党に合流して消滅したのが平成6（1994）年で、すでに四半世紀以上の月日が流れている。昭和35年に社会党の一部議員が同党を離脱して結成された政党で、「民主主義と社会主義の両方を支持する」ことを基本理念としており、社会主義の達成を目指している点では社会党と同じだが、共産主義に対する反対姿勢が強く、安全保障の分野では自民党に近い政策を掲げていた。『日本列島改造論』刊行当時、衆議院では29議席を持ち公明党に次ぐ第4党であったが、この反論文が世に出た直後の同年12月の総選挙では19議席に減り、第5党に転落している。

民社党からは、「『日本列島改造論』を駁砕《ばくさい》する」とのタイトルで、当時の委員長・春日一幸が寄稿している。タイトル同様、本文も『日本列島改造論』に対する批判が厳しい論調で綴られているが、交通政策、特に鉄道関係についてはほとんど言及していない。『日本列島改造論』が提唱する「工業再配置」を支える新幹線鉄道網や高速道路網、在来鉄道線の強化に対して、「これら、公共用地の膨大な需要は、さらに民間需要とからまり合って地価の暴騰にいっそうの拍車をかけることになろう」として地価高騰への批判に繋げているくらいである。

自党の提案に連ねている交通政策も、交通事故を減らすための施策が中心で、新幹線についても高速道路についても、その拡充を見合わせるべき、といった主旨の記述は見当たらない。新幹線を中心とする高速鉄道ネットワークの拡充策については明確に反対する理由がない（つまり賛成である）からなのか、あるいはそもそも鉄道政策に関する自党の意見を党首として一本化できなかったからなのか、そのあたりの事情までは、行間からは読み取れない。

都市部の地域交通策が目立つ共産党プラン

同書の最後に登場するのは日本共産党の反論である（共産党からの寄稿は「党首の意見

ではなく、党の方針」という理由から、執筆者の個人名は出ていない)。『日本列島改造論』の刊行時点では、共産党が持つ衆議院の議席は14で第5党だったが、この反論文公開直後の12月の総選挙で倍増以上の38議席を獲得し、公明党、民社党を抜き去り一気に第3党に躍進している。

共産党の寄稿は、新幹線網の拡大を含む交通ネットワークの整備方針について、「新幹線を伸ばしていくことは、旅行者にとってはたしかに便利になります」と時間短縮の効果は認めるものの、在来線の旅客輸送を新幹線に切り替えることで、「新幹線の運賃はますます高くなるが、新幹線にくらべれば運賃が安い線は貨物輸送になってしまって、住民は利用できなくなってしまう」と批判する。交通ネットワークの整備による「一日行動圏」の考え方についても「大資本はどんどん地方に進出するので、地価は東京、大阪なみとなり、大資本の進出に地方の中小商工業者はおしつぶされるなど、ますますくらしにくくなる結果をもたらすことは必至」として、否定的なスタンスをとる。大都市から農村へ工業を移転させることに対して、エンゲルスの著作を引用して反対しているところはいかにも共産党の主張らしい。

もっとも、交通網の整備そのものを否定、あるいは政策としての優先順位を下げているわけではなく、「たちおくれている県内（および地域内）交通網の整備・拡充をいそいで進めるとともに、地域の経済・文化の不均等をなくすことをめざす、合理的な幹線交通網の整備を進め」ることを提唱している。その例として、「青森―下関間の鉄道についていえば、太平洋側は一〇〇％複線化、電化しているのに、日本海側は、複線化率三五％、電化率二七％にすぎない」という比較事例をあえて持ち出しているのは、新潟出身の田中角栄の持論との近さを感じさせる。つまり、日本海側の交通事情が全体的に未整備である現状を優先的に改善すべき、という点では『日本列島改造論』の認識に近く、ただその方法論を異にしているのが共産党の提案である。

全体として、広域に跨る新幹線網よりも、地域内交通の整備を重視する姿勢が目立つのが、共産党の交通政策案の特徴と言える。公害対策としてトロリーバスを活用するとか、雪国ではモノレールを積極的に増やしていくべきといった、どちらかというと都市部向けの具体策が目立つのはその表れであろう。

新幹線ネットワークの50年

整備新幹線とは何か

田中角栄が新総裁に選出された昭和47年7月の自民党総裁選のわずか2日前に、運輸省は全幹法に基づいて「建設を開始すべき新幹線鉄道の路線を定める基本計画を決定した」と公示した。その対象は次の4路線である。

①東北新幹線　盛岡市～青森市間
②北海道新幹線　青森市～函館市付近～札幌市～旭川市間
③北陸新幹線　東京都～長野市付近～富山市付近～大阪市間
④九州新幹線　福岡市～鹿児島市間

2週間前に発売されたばかりの『日本列島改造論』には、公示前であるにもかかわらず、これらの4路線について「基本計画に組入れることになった」と記されている。

この年の12月には、さらに次の1路線について、基本計画が決定されたとして運輸省が公示している。

⑤九州新幹線　福岡市～長崎市間

⑤は、いわゆる九州新幹線西九州ルートである。当初は「長崎ルート」と称していたが、福岡と長崎に挟まれている佐賀県への配慮から、佐賀と長崎を総称する「西九州」の名称が用いられるようになった。

当時の全幹法は、基本計画が決定された路線を建設するのに必要な調査を国鉄または鉄建公団が行い、運輸大臣はその調査結果に基づいて、それらの路線の建設に関する整備計画をすべき旨を定めている。全幹法を施行するための政令である全幹法施行令は、この整備計画において「走行方式」「最高設計速度」「建設に要する費用の概算額」「その他必要な事項」を定めることになっており、この点は政令の制定（昭和45年）から半世紀以上が経つ現在も変わらない。

この段階で、当該路線の実現はある程度まで具体的になる。この「整備計画」が定められた5つの新幹線が、現在に至るまでいわゆる「整備新幹線」と呼ばれる路線である。

旭川
札幌
長万部
室蘭
新函館北斗
新青森
八戸
秋田
大曲
盛岡
新庄
山形
新潟
福島
高崎
大宮
東京
凡　例（令和４年５月現在）
既設新幹線
整備計画路線（開業区間）
整備計画路線（建設中区間）
整備計画路線（未着工区間）
中央新幹線（リニア）
基本計画路線
ミニ新幹線

全国の新幹線鉄道網整備計画

全国新幹線鉄道整備法（全幹法）に基づき、昭和47（1972）年に整備計画路線が、昭和48（1973）年に基本計画路線がこの図の通り定められた（成田新幹線は計画消滅のため未掲載）。当時は東京～岡山間以外は全て未開業だったが、約半世紀を経た令和4（2022）年5月現在、開業済み路線や計画が具体化している路線が増えていることがわかる。

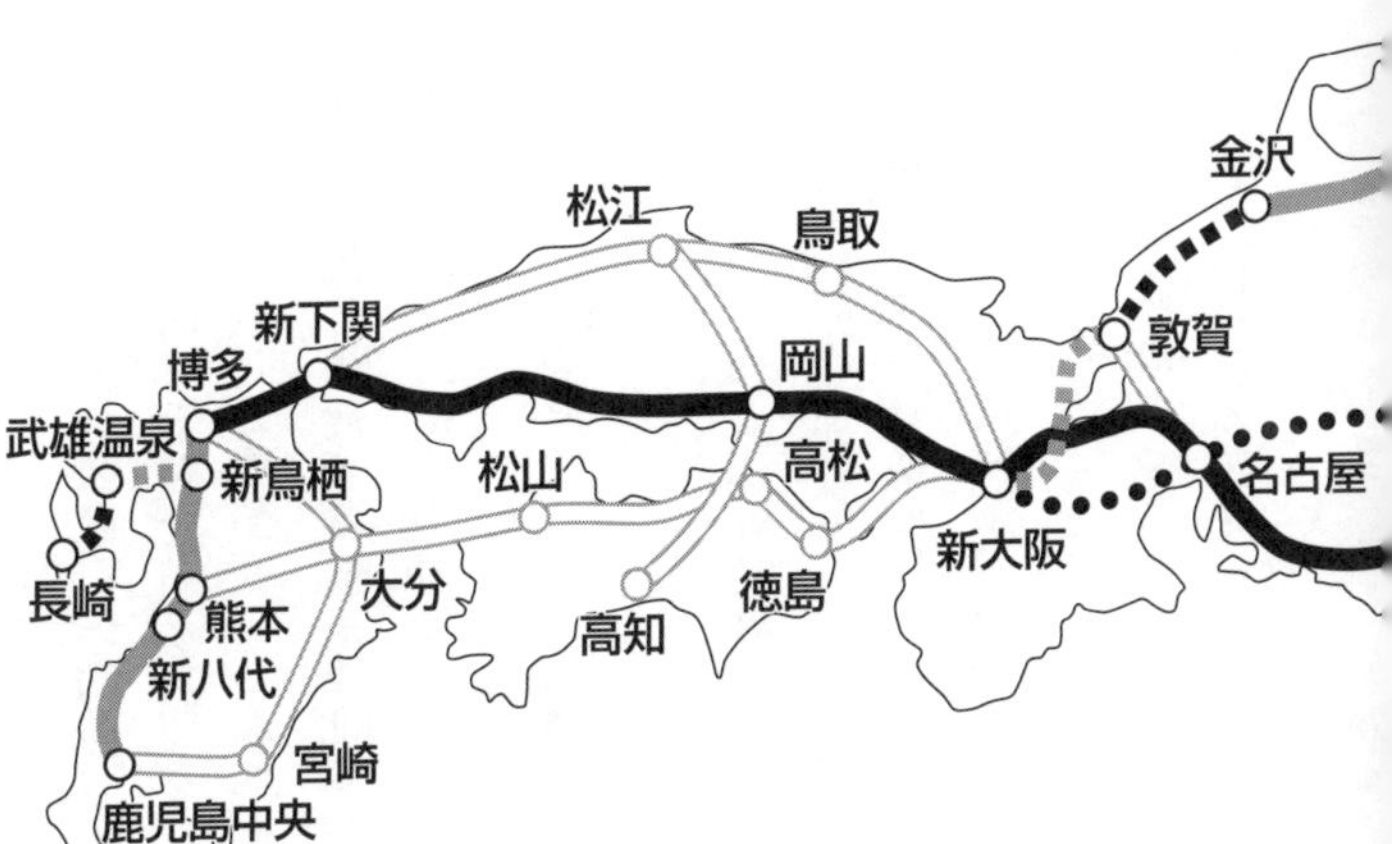

この5路線より先に着工していた東北新幹線の盛岡以南と上越新幹線は、国鉄時代に開業までこぎつけていたこともあり、手続き面ではこの5路線と同じ手順を踏んでいるにもかかわらず、「整備新幹線」には含めないのが一般的である。国土交通省のホームページでも、整備新幹線に関する解説の末尾に「なお、東海道新幹線、山陽新幹線、東北新幹線（東京〜盛岡間）、上越新幹線は、国鉄等により建設されたもので、いわゆる整備新幹線ではありません」との一文が添えられている。

20年後に計画通り完成した北の2路線

国土交通省のホームページにあるように、東北新幹線の盛岡以南と上越新幹線は、この5つの整備新幹線以前、そして『日本列島改造論』の刊行前に工事がスタートしていた。その後の社会状況の変化などによって当初の予定より大幅に完成が遅れたものの、東北新幹線は昭和57（1982）年6月に東北新幹線の大宮〜盛岡間が暫定開業。同年11月には上越新幹線の大宮〜新潟間も開業している。

特に、上越新幹線は、日本海側の都市に新幹線が発着することになった画期的な存在である。東海道・山陽新幹線及び東北新幹線は、並行する在来線がいずれも「○○本線」を名乗る幹線であったのに対し、上越新幹線の並行在来線は高崎線（大宮〜高崎間）、上越線（高崎〜宮内間）、信越本線の一部（宮内〜新潟間）の集合体である点も異例だった。国鉄やJRの路線分類は、たとえば「東海道線の部」には東海道本線という主要幹線と山手線や横浜線などの支線が帰属するように、一つの本線に複数の支線が付属する方式を採用しているが、この分類に従うと、高崎線と上越線は、東北本線をメインとする「東北線の部」に属する支線にあたる。全国に拡がる他の「本線」を差し置いて、支線扱いの路線が新幹線建設で先んじることになったのだ。

しかも、豪雪地帯を走るため建設費も開業後の除雪対策費もかさむことが見込まれたことから、大蔵省は計画段階から「黒字になる目途《めど》がつかない」と懸念を抱いていた。新幹線の存在自体には経済的な妥当性がないとみなされていたのである。ただし、開業すれば、沿線都市には大きな利益や利便性をもたらす。そういう路線は、公共事業でなければ誕生し得ない。

そうした路線があえて全幹法による最初の3路線に含まれた背景に、『日本列島改造論』の著者にして新潟出身の田中角栄の影響力がなかったと考える日本国民は、上越新幹線の開業当時、おそらく皆無であっただろう。大宮開業当日の読売新聞夕刊（昭和57年11月15

日付）は、「〝角栄新幹線〟発車」の見出しを掲げている。

その後、東北・上越新幹線は昭和60年に上野～大宮間が開業し、東京都内からの直通運転を開始。平成3（1991）年に東京～上野間も開通したことで、昭和46（1971）年の建設認可区間は、20年を経て完成したことになる。

用地が転用された幻の成田新幹線

東北・上越新幹線と同時に基本計画が策定された成田新幹線は、やや変わった経緯をたどっている。

東京湾に面した羽田空港とは別の新しい国際空港を建設する計画は、昭和41（1966）年に閣議決定で建設地が成田と定められたことから具体的に動き出した。羽田に比べて東京都心から離れているこの新しい空港までのアクセスとして新幹線を建設しようというのが、成田新幹線の構想であった。全幹法に基づく基本計画の決定、整備計画の決定までは東北・上越新幹線と同時に進んだが、成田新幹線の建設工事が実際に着工されたのは他の2路線より2年以上遅れた昭和49（1974）年2月。田中内閣の下で着工された、唯一の新規新幹線でもあった。

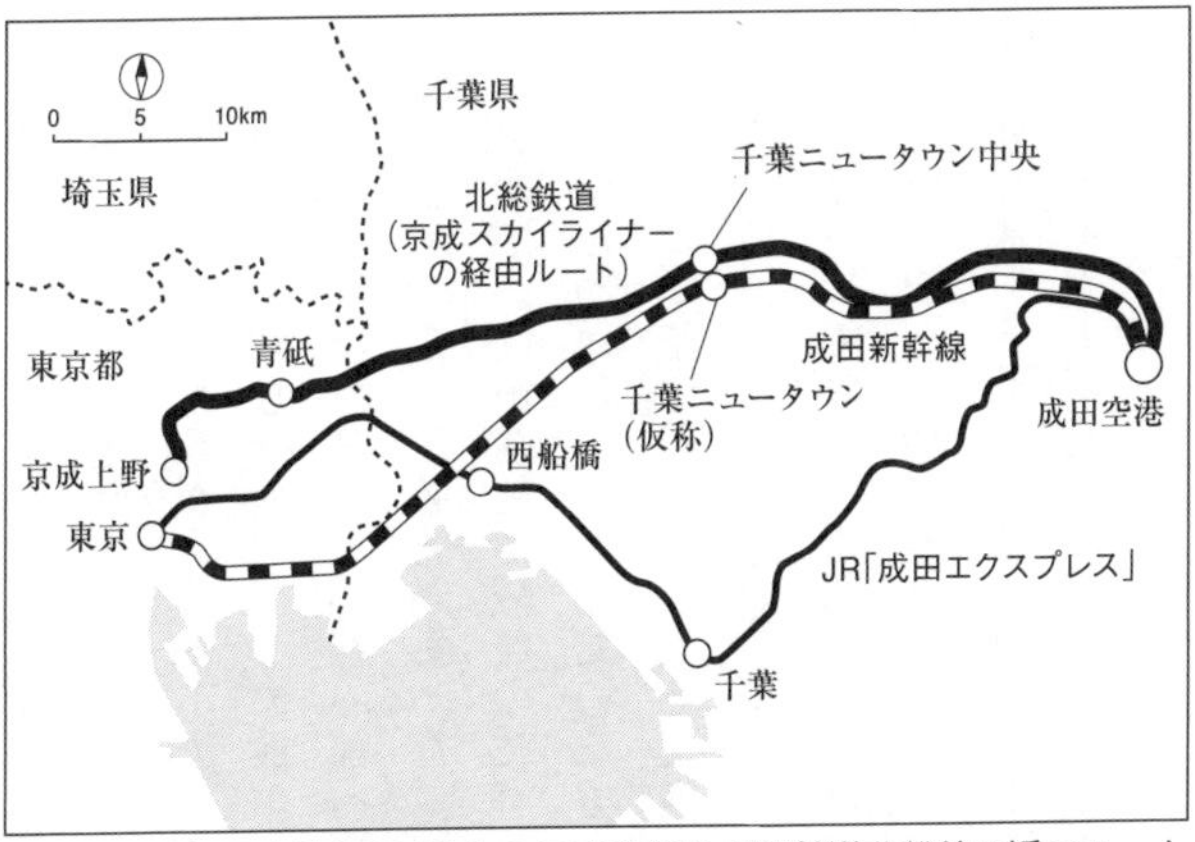

成田新幹線の予定路線図。現在のJR京葉線や北総鉄道北総線に近いルートで計画されていた

当時の計画によれば、東京駅の成田新幹線発着ホームは地下に設けられ、江東区から当時の営団地下鉄（現・東京メトロ）東西線に並行して西船橋付近を通り、現在の北総鉄道北総線の千葉ニュータウン中央駅付近に唯一の中間駅を設置。新幹線の車両基地も置かれる予定の同駅からは、成田空港まで再びノンストップで走ることになっていた。

だが、全長65キロと短く、専ら成田空港へのアクセスのみを使命とする新幹線の建設は、沿線住民の反対が根強く用地買収は難航した。肝心の成田空港自体も建設反対運動が激化し、新幹線計画は全く進まなくなってしまう。成田空港自体は昭和53

（1978）年に開港したが、新幹線工事は昭和58（1983）年に凍結に至る。

結局、昭和62（1987）年の国鉄分割・民営化に際して成田新幹線計画はJRに引き継がれず、計画は失効、消滅した。全幹法に基づき国が建設を認可した新幹線ルートが未完成のまま失効したのは、この成田新幹線だけである。

ただし、新幹線どころか都心部へ直結する鉄道自体がない状態は、首都の国際空港としては何とか改善する必要があった。昭和時代に成田空港を利用した際、京成スカイライナーの終着駅が「成田空港」駅なのに、そこから空港までさらにバスに乗り換えなければならず、不便だったことを覚えている方も少なくないだろう。あれは、成田新幹線計画の影響で京成電鉄が空港付近まで延伸できなかったことが原因であった。

事態が動いたのは昭和63（1988）年のこと。運輸大臣を務めていた石原慎太郎が、すでに完成していた成田新幹線の施設を活用して在来線を建設し、JR成田線と総武本線経由で東京駅と直結するプランを発表したのだ。この案に基づき、京成電鉄も新しい成田空港駅に乗り入れる計画が進められた。そして平成3年、JRの成田エクスプレスと京成スカイライナーが同時に乗り入れる現在の成田空港駅が誕生したのである。

さらに12路線を基本計画として公示

『日本列島改造論』を掲げた田中内閣は、昭和48（1973）年11月に5つの整備新幹線を指定すると同時に、新たに全国12の路線を全幹法に基づく基本計画路線として公示した。対象となった路線は、整備新幹線となった北海道新幹線を札幌以北、旭川まで延長する案を含め、**表4**の通りである。

このうち、③羽越新幹線は、すでに整備新幹線の一つになっている北陸新幹線の富山市〜大阪市と一体化することで、『日本列島改造論』の「奥羽北陸新幹線（青森〜秋田〜新潟〜富山〜大阪）」の構想と合致する。⑧中国横断新幹線と⑩四国横断新幹線は、同書の「中国四国新幹線（松江〜岡山〜高松〜高知）」を分割したものである。⑨四国新幹線と⑫九州横断新幹線も、同書の「九州四国新幹線」を大分で二分したルートだ。⑦山陰新幹線は同書の同名新幹線とほぼ同じルート（大阪〜鳥取〜松江〜山口）で、①の北海道新幹線の札幌以北は同書の「北海道縦貫新幹線（札幌〜旭川〜稚内、旭川〜網走）」の一部に相当する。

さらに、同書に掲載されている「全国新幹線鉄道網理想図」と比較すると、本文中にそのルートが明示されている路線のほか、④奥羽新幹線、⑤中央新幹線、⑪東九州新幹線がこの図上に描かれていることがわかる。

表4　全国新幹線鉄道整備法(全幹法)に基づく基本計画路線
(昭和48年11月15日運輸省告示)

	路線名	区間	現況
①	北海道新幹線	青森市～札幌市～旭川市	新青森～新函館北斗間は開業済み。新函館北斗～札幌間は整備新幹線として着工済み
②	北海道南回り新幹線	長万部町～室蘭市付近～札幌市	
③	羽越新幹線	富山市～新潟市付近～秋田市付近～青森市	
④	奥羽新幹線	福島市～山形市付近～秋田市	福島～山形～新庄間の山形新幹線とは別の計画線
⑤	中央新幹線	東京都～甲府市付近～名古屋市付近～奈良市付近～大阪市	整備計画決定、着工済み
⑥	北陸・中京新幹線	敦賀市～名古屋市	
⑦	山陰新幹線	大阪市～鳥取市付近～松江市付近～下関市	
⑧	中国横断新幹線	岡山市～松江市	
⑨	四国新幹線	大阪市～徳島市付近～高松市付近～松山市付近～大分市	
⑩	四国横断新幹線	岡山市～高知市	
⑪	東九州新幹線	福岡市～大分市付近～宮崎市付近～鹿児島市	
⑫	九州横断新幹線	大分市～熊本市	

つまり、この12路線のうち、『日本列島改造論』の本文にも地図にも見当たらないのは②北海道南回り新幹線と⑥北陸・中京新幹線の2路線のみで、あとの10路線は、結果的に全て同書の構想に沿った形で認められている。逆に、同書の本文に具体名が挙がっている路線で整備新幹線にも基本計画路線にもなっていないのは、北海道の旭川～稚内間、旭川～網走間、札幌～釧路間の3ルートだけである。

そもそも同書の原型となった自民党の「都市政策大綱」は「旭

川と鹿児島を結ぶ全長４１００キロの全国新幹線鉄道」と明記していたので、「新幹線計画の当面の北限は旭川」という認識が関係者間にあったのかもしれない。

整備新幹線に加えてこの12路線までが全て開通すると、全国の新幹線の総延長は約７０００キロとなる。『日本列島改造論』が掲げる「９０００キロメートル以上」という数値には及ばないが、同書に描かれた「全国新幹線鉄道網理想図」の約７割は実現することになる。

田中角栄が首相の座にあった2年半の間に、この12路線までが、国として将来建設することを想定した新幹線として法的に位置づけられた。これらは、田中内閣の終焉と共に話が終わったわけではない。『日本列島改造論』に描かれた「全国新幹線鉄道網理想図」をなぞるように整備新幹線や基本計画線を定めた国策は、それから半世紀が経った令和の今もなお、我が国の高速鉄道政策の根幹として効力を有していることは、日本国民にもっと知られてよい事実ではないだろうか。

国鉄改革によって整備新幹線計画はストップ

とはいえ、そのような国家の交通政策の重要計画が半世紀後もなお実現しておらず、基本計画線に至ってはその大半が着工すらできていない。基本計画線などは、唯一整備計画が定められて着工段階に進んでいる中央新幹線を除き、もはや風化しかけた政策となっていることも確かである。

その原因は複合的であり仔細に説明するときりがないが、一言で言えば、東海道・山陽新幹線と異なり当該路線自体の収支だけでは経済的に成り立たない新幹線を実際に建設・運営するだけの体力が、国鉄にも、日本政府そのものにもなかった、ということに尽きるだろう。もちろん、『日本列島改造論』を掲げて新幹線政策を推進した田中角栄が、金銭スキャンダル（田中金脈問題）で総辞職に追い込まれ、新幹線をどんどん造ろうという世情ではなくなってしまった影響も小さくない。

だが、新幹線拡張計画の最初のつまずきは、内閣発足の1年後に発生した第四次中東戦争（イスラエルとエジプト・シリア両国を中心とするアラブ諸国との戦争）によって石油の輸入価格が高騰した第一次オイルショック（石油危機）がきっかけであった。大幅なインフレ等で国内経済が急速に悪化したため、日本政府は石油や電力需要を大幅に抑制させる総需要抑制策を採り、大型の公共事業は凍結されることになった。そのため、すでに建設工事中の東北・上越新幹線、さらに5つの整備新幹線の建設計画も大幅に延期されたのである。

さらに、オイルショック前から問題視されていた国鉄自体の財政悪化が、急速に深刻化していったことも、新幹線計画の推進に影響を与えた。

国鉄が最後に単年度収支で黒字決算となったのは、東海道新幹線が開業する前年の昭和38（1963）年度だった。この時点で1595億円あった繰越利益金も、昭和41（1966）年度までに食いつぶし、それ以降は毎年巨額の欠損金を翌年度に繰り越し、累積させていった。『日本国有鉄道百年史第12巻』は国鉄の財政悪化の要因として、老朽施設の更新や近代化のための資本関係費用の増大、戦後に外地からの復員者を政策的に受け入れたことなどから膨れ上がった大勢の職員の人件費の増大、政策的に抑制されてきた低廉な運賃設定による公共負担、そして赤字ローカル線経営の4点を挙げている。

赤字解消のため、運賃・料金の値上げもたびたび行われた。特に昭和51（1976）年には初乗り運賃が一気に50パーセントも値上げされ、特急料金などは前年の値上げと合わせると2年で2倍となった。国鉄は他の競合交通機関より割高となり、逆に旅客の国鉄離れを招いた。

国鉄関係の労働運動の激化も、国鉄離れに拍車をかけた。当時の国鉄職員は準公務員扱いでストライキ権が認められていなかったため、国鉄の労働組合はいわゆる「順法（遵法）闘争」という戦術を繰り返した。安全を確保するという理由で運転士が頻繁にスピードを落としてわざと遅延させるなど、関係法規を厳格に遵守する建前で列車運行を混乱させる方法である。こうしたやり方は一般旅客の反感を買い、昭和48年には列車の遅延に怒った大勢の乗客が暴動を起こして、車両や駅施設を破壊したり放火したりする事件が相次いで起こっている（上尾事件、首都圏国電暴動）。

昭和50（1975）年には国鉄内の一部の労働組合が「ストライキ権を求めるためのストライキ」（いわゆる「スト権スト」）を決行し、大半の列車が8日間もストップ。国民生活に大きな影響を与えたが、これを機に鉄道貨物輸送に見切りをつけた物流業者が、トラック輸送への切替えを促進していくことになった。「旅客の流れを新幹線に集約し、在来線の貨物輸送力を上げる」ことが新幹線建設の目的である、とする『日本列島改造論』の主張の前提を根本からひっくり返しかねない物流の構造変革が進んでいくことになる。

このように、JR発足から30年以上経った今では想像できないほど、国鉄という鉄道事業体に対する当時の国民の信頼は、回復不能な程度にまで低下しきっていた。国鉄改革の話題に深入りするのは本書の主旨ではないので、詳細は他の先行文献に譲るが、要するに、昭和62年に実施された国鉄の分割・民営化は、こうした国鉄の惨状を抜本的に解決する目的で行われた究極の荒療治だったと言ってよい。国鉄を国鉄として再建するのではなく、解体してしまうことによって問題を解決しようとしたのだ。「地方の経済発展のためならば国有鉄道は赤字を出してもやむを得ない」との基本認識に基づいて『日本列島改造論』で新幹線の全国展開を主張した田中角栄も、まさかその15年後に日本の国有鉄道がなくなってしまうとは予想していなかったに違いない。

このような社会情勢や国鉄の財政事情の中では、新しい新幹線を建設しようとする動きが滞るのは無理もなかった。盛岡以南の東北新幹線と上越新幹線は早期に着工していたこともあり、国鉄の存続中に何とか大宮開業、上野延伸までこぎつけた。だが、両路線から2年半遅れて整備計画が決定された5つの整備新幹線は、国鉄再建策の遂行途上で政治判断により凍結され、工事の着手すらできなかった。12の基本計画線が整備新幹線に昇格する見込みもなかった。

新幹線建設のハードルを高めた環境問題

オイルショックによる社会経済の低迷と国鉄の財政悪化とは別に、新幹線建設計画が当初の見込み通りに進まなくなったもう一つの要因が、環境問題への配慮に対する社会情勢の変化である。新幹線の建設計画が具体化するにつれて、新幹線の高速運転によって発生する騒音や振動に対する懸念から、新幹線建設が計画されている沿線住民による建設反対運動が起こるようになったのだ。

昭和49年、第二次田中内閣の運輸大臣・徳永正利は、新幹線の工事実施計画策定前に通過予定の沿線自治体に意見聴取することを指示し、環境庁（現・環境省）が新幹線の騒音・振動に関する新たな規制基準を設けるまで整備新幹線の工事実施計画の完成を遅らせた。こうした動きの中で、名古屋の新幹線沿線住民が国鉄に対して、新幹線の高速運転に伴う騒音や振動の差し止めを求める集団訴訟を提起している（名古屋新幹線訴訟）。

この訴訟自体は昭和61（1986）年の和解成立まで続いたが、提訴の翌年（昭和50年）に環境庁は「新幹線鉄道騒音に係る環境基準について」という環境基準を告示した。ここでは具体的な騒音の基準値が明示されている。その後の新幹線建設では、「この基準値以上の騒音を出さない」と事前に評価されなければ、工事を進めることはできなくなったのだ。現在も新幹線の運行が午前6時から午後12時（深夜0時）までに限られているのは、この環境基準が「主として住居の用に供される地域」において「午前6時から午後12時までの間の新幹線鉄道騒音に適用するものとする」と定めていることに基づいている。

今では事前の環境影響評価（環境アセスメント）は大規模開発事業の事前手続きとして一般化しているが、関係法令などが未整備だった当時は、建設スケジュールにそうした手順が十分想定されていなかった。『日本列島改造論』はその単行本の帯に「公害と過密を完全に解消し　国民が安心して暮らせる　住みよい　豊かな日本を　どうしてつくるか!!」とのキャッチコピーを掲げ、本文でも公害対策と国土開発を両立させるべきと説いているのだが、先行する東海道新幹線が原因で生じた公害問題や社会全体の環境意識の高まりがその後の新幹線の建設計画をスピードダウンさせる一因となったのは、何とも皮肉なことである。

ＪＲ発足に前後して整備新幹線計画が復活

整備新幹線計画はあくまで凍結されていただけであり、成田新幹線のように計画そのものが断念されたわけではない。どんなに古い時代に定められた法律や政策であっても、正規の手続きに則りいったん確定すると、その後によほどの社会変革や想定外の事情が生じない限り、後の世の政府もそれらに拘束される。大正時代の原敬内閣が立案した鉄道敷設法改正法が、昭和62年まで日本の鉄道政策の根拠法となり続けたことも、田中角栄が全幹法に具体的な計画ルートを盛り込んだ別表を付けようとしたことも、それに首相の佐藤栄作が反対したのも、ひとたび成立した法律や政府としての決定事項の永続性をよく理解していたからであろう。社会の変化や技術革新に柔軟に対応できないと言えばそれまでだが、政権が交代しても前の政権が決めたことをことさら無視できない仕組みが保たれていることは、前の政権との連続性を恣意的に断絶させる無分別な独裁者を出現させる余地がなく、国家として安定している証拠でもある。

昭和61年7月の衆参同一選挙で、国鉄の分割・民営化や整備新幹線の早期着工を公約に掲げた自民党が圧勝した。これを受けて、昭和62年1月末、整備新幹線の着工凍結の解除が閣議決定された。ＪＲ発足の約2カ月前である。国有鉄道として計画された整備新幹線の建設方針を、国有鉄道であるうちに明確にしようとした意図が窺える。

沿線自治体が建設費を負担する方式を採用

法律の整備や政治判断の問題に目途がつくと、今度は具体的なお金の問題に注目が集まるようになった。着工凍結が解除された整備新幹線の莫大な建設費用を誰が負担するのか、という財源問題である。

国鉄時代に開業した東北新幹線や上越新幹線のように、鉄道事業者の自己資金や借入金で建設すると、鉄道事業者が過大な債務を抱え込んで赤字国鉄の二の舞になってしまう。一方で、民間企業となったＪＲに国の公共事業費を投入することが妥当か、という民営化に伴う新たな問題点も生じる。そのため、新幹線の開業によって大きなメリットを得られる沿線自治体（地元）が相応の費用負担をすべき、という考え方は、整備新幹線計画が凍結されていた国鉄末期から議論されていた。

平成元（１９８９）年の北陸新幹線の着工決定と同時に、この財源問題も一定の結論を得た。ＪＲが第二の国鉄となってしまうことを防ぐため、国や地方の負担は返済不要の無償資金を用いる公共事業方式としつつ、建設費用のうちＪＲが50パーセント、残りを国と地元が負担することとなった（後に、北陸新幹線高崎〜長野間の建設に関しては、例外的に財政投融資等による借入金を投入して、平成10〔１９９８〕年2月の長野オリンピックまでに開業させることが優先された）。国と地元の負担割合は、線路や鉄道施設に関する工事は国が4割で地元が1割、駅をはじめ地域の便益に関連する鉄道施設に関する工事は国と地元の折半（1対1）となった。

この負担割合はその後、見直しが行われたが、新幹線を迎え入れる地元が建設費の一部を負担するというルールはすっかり定着している。「国土全体を発展させる国策の一環として、国（や国鉄）の全額負担で特定の地方の新幹線を建設する」という東北・上越新幹線のやり方（東北新幹線は国鉄が、上越新幹線は鉄建公団が建設を担当）は、もう二度と行われないだろう。

また、ＪＲの費用負担は、新幹線開業後にＪＲが支払う新幹線貸付料などを充当するため、開業前はＪＲの負担は生じない仕組みが作られた。開業後の貸付料も、事前の需要予測に基づいて路線ごとに決定するため、ＪＲが過大な負担に耐えながら運営することを強いられることにはならない。万が一、自社で経営しても収益の見込みが立たないと判断した場合は、全幹法にいう「営業主体」となることに同意しなければよいので、赤字路線を無理に押し付けられることもない。

ここで「新幹線貸付料」という単語が唐突に登場したので簡単に説明すると、国鉄時代に建設された東海道・山陽・東北（盛岡以南）・上越の4つの新幹線は、ＪＲ発足直後は「新幹線鉄道保有機構」という特殊法人がその施設を保有し、列車を運行するＪＲ各社に有償で貸し付ける運営方式（いわゆる上下分離方式）が採られた。これは新幹線、特に東海道新幹線を分割後のＪＲのどの会社が所有するかによって、ＪＲ各社間の収益格差が生じることが確実視されたため、新幹線の施設はＪＲに所有させず国が設立した特殊法人に一括保有させてＪＲに貸し出すことで、ＪＲ各社間の収益格差を是正することが目的だった。

この新幹線鉄道保有機構による上下分離方式は平成3年に解消され、東海道新幹線はＪＲ東海、山陽新幹線はＪＲ西日本、東北・上越新幹線はＪＲ東日本に、それぞれ譲渡された。だが、新幹線の上下分離方式はその後に開業した整備新幹線にも適用されており、現在はかつての鉄建公団の流れを汲む独立行政法人鉄道建設・運輸施設整備支援機構（略称「ＪＲＴＴ」）に対してＪＲが貸付料を支払うことになっている。

田中内閣時代の整備計画が今も高速運転を抑制

ちなみに、国鉄以来の4新幹線はＪＲ各社が直接所有し、整備新幹線以降は上下分離方式を採用しているという権利関係の違いは、現在の利用客にも全くの無関係ではない。

というのは、ＪＲが自社保有している新幹線区間では、線路改良や新車投入によって列車のスピードをアップさせるのに上限はないが、施設を自社保有していない整備新幹線区間では、昭和48年に策定された整備計画で最高速度を時速２６０キロと想定して施設が設計されているとの建前から、その施設の貸主であるＪＲＴＴの同意なく借主であるＪＲが独断でスピードアップすることはできない、とされているからである。このため、東北新幹線に乗ると、昭和末期に開業した盛岡以南では平成25（２０１３）年以降、最高速度が時速３２０キロにまで達しているのに、施設が新しい盛岡以北になると同じ車両の最高時速が２６０キロまで減速する、という逆転現象が生じているのだ。

さすがにその状況を今後も続けていくのは非合理的だと各関係者間で合意に達したのか、令和２（２０２０）年、ＪＲ東日本は東北新幹線の盛岡～新青森間で騒音対策施設などの強化工事を行い、令和９（２０２７）年をめどに同区間でも最高時速３２０キロ運転を行う計画を発表した。だが、他の整備新幹線区間では今のところ、最高時速は２６０キロを前提としたままだ。スピードアップの技術進歩は著しいのに、田中内閣時代に策定された整備新幹線計画が根拠となって、半世紀後の高速運転が実際に抑制され、「一日行動圏」の拡張に歯止めがかけられている状況を、泉下の田中はどんな気持ちで見ているだろうか。

ミニ新幹線とスーパー特急

新幹線を建設するための費用を誰がどの程度負担すべきか、という財源問題は、想定できる建設費そのものを圧縮するために「標準軌による高速列車専用路線」という既存の新幹線の姿を変えることで解決しよう、というアイデアを生みだした。それが、「ミニ新幹線」「スーパー特急」と呼ばれる新幹線の新たな建設方式で、昭和63年8月に運輸省から提案された。これに対して、従来型の「標準軌による専用路線」を「フル規格」と呼ぶ。

ミニ新幹線とは、日本全国に狭軌（軌間1067ミリ）で敷設されている在来線の線路を標準軌（軌間1435ミリ）に改良して、新幹線の列車を直通させる方式である。線路の幅は広がるが、在来線を走るため車両の大きさは在来線サイズとなるので、「ミニ」と呼ばれる。また、在来線への乗入れ区間は専用区間に限定されないので、法的には「新幹線」ではなく、乗入れ区間内での最高速度は時速130キロ程度になる。フランスでは在来線も高速鉄道TGVも同じ標準軌を採用しているので、郊外は高速運転用の専用新線を走り、都市部の駅などでは在来線に乗り入れる方式を実際に採用している。

フランスの高速鉄道TGV
©Alamy Stock Photo/amanaimages

一方、スーパー特急とは、路線やトンネル、橋梁などの構造物は新幹線と同じ規格（フル規格）で建設するが、線路の幅や車両のサイズはひとまず在来線と同じにする方式である。「ひとまず」というのは、将来、改良工事によって線路の幅や車両を更新して標準軌にすれば、フル規格の新幹線に転換できるのが特徴だ。こちらは狭軌とはいえ、専用線路を高速走行できるので、最高速度は時速200キロ程度まで上がる。法令上も「新幹線」の扱いを受ける。ただし、これまでスーパー特急方式で実際に新幹線が建設された例はない。

新幹線と在来線の違いは何なのか、と問われれば、スピードや線路の幅などさまざまな点を挙げることができるが、その中でも「踏切の有無」はわかりやすく、かつ重要なポイントと言ってよい。線路内に一般人が入れない構造であれば、技術革新によってスピードアップを実現しやすいが、不特定多数の人が線路内に立ち入る可能性がある以上、どんなに速く走れる車両を造っても、安全確保の見地からスピードアップは制限を受ける。そして、「不特定多数の人が線路内に立ち入る可能性」が最も高いのは踏切である。「鉄道に関する技術上の基準を定める省令」の第39条は「鉄道は、道路と平面交差してはならない」との原則を定めつつ、そのただし書きで「新幹線又は新幹線に準ずる速度で運転する鉄道以外の鉄道であって、鉄道及びこれと交差する道路の交通量が少ない場合又は地形上等の理由によりやむを得ない場合」に、踏切の存在を容認しているが、「新幹線又は新幹線に準ずる速度で運転する鉄道」にはこの例外規定の適用がないことから、法令上、新幹線には踏切があってはならないことがわかる。

ミニ新幹線もスーパー特急も、フル規格より建設費を圧縮できるため、財源問題をある程度クリアしやすくなる。政権与党である自民党はこの運輸省案を受け入れ、次に掲げる①から⑤の順番で優先的に着工されることになった（昭和63年8月31日付政府・与党申合せ「整備新幹線の取扱いについて」）。平成元年には整備新幹線として初めて、北陸新幹線高崎～軽井沢間が着工。昭和48年に田中内閣の下で整備計画が定められてから、15年目のことである。

①北陸新幹線　高崎～軽井沢間（フル規格。なお、軽井沢～長野間は長野オリンピックが開催される場合も考慮して3年以内に結論を出す）
②北陸新幹線　高岡～金沢間（スーパー特急）
③東北新幹線　盛岡～青森間（盛岡～沼宮内《ぬまくない》間はミニ新幹線、沼宮内～八戸間はフル規格、

八戸～青森間はミニ新幹線）
④九州新幹線　八代《やつしろ》～西鹿児島間（スーパー特急）
⑤北陸新幹線　糸魚川《いといがわ》～魚津間（スーパー特急）

ただ、同一路線にも異なる方式が入り組むこうした建設計画が、フル規格での建設を求めていた整備新幹線の地元関係者から広く歓迎されたわけではない。いったんミニ新幹線で開業したら、高速鉄道の効果は半減し、その後も永遠に新幹線レベルの高速列車は実現しない危険があるからだ。

北陸新幹線の誘致関係者はこの運輸省案について、「ウナギを注文したのにアナゴやドジョウが出てきた」との表現で不満を洩らしたという。これに対して運輸省関係者は「腹が減っているならとりあえずドジョウを食べてみて、そのうえでウナギも必要かどうか考えてほしい」と反論。時の運輸大臣・石原慎太郎も「主要都市間の時間距離を短縮できるという点で、アナゴでも良質のタンパク質と考えてほしい」（『朝日新聞』昭和63年8月12日付朝刊）、「将来は立派な新幹線になる出世魚と受け止めてほしい」（『朝日新聞』昭和63年9月1日付夕刊）などと返している。蛇足だが、このウナギとアナゴとドジョウのたとえ話はその24年後、北陸新幹線の敦賀～大阪間をフル規格で建設せず、フリーゲージトレイン（異なる幅の線路を直通できるように設計された列車）を導入して在来線への乗入れを実現させようという構想に対する批判として、石川県出身の森喜朗元首相が同じ表現を用いており（『読売新聞』平成24年2月19日付朝刊〔石川県版〕）、かなり長持ちするネタとなっている。

一方で、整備新幹線になっていない12の基本計画線の沿線自治体などにとっては、法的に「新幹線」として扱われないミニ新幹線方式は受け入れやすいプランと言える。新幹線ではないから全幹法の適用を受けず、すでに開業している鉄道会社が在来線を改良する、という位置づけになる。基本計画線が整備新幹線に昇格するのがいつになるのか全く見通しが立たないのであれば、スピードアップは多少目をつぶっても、ミニ新幹線を導入して既存の新幹線との直通運転を実現し、東京その他の既存の新幹線沿線都市との所要時間を短縮するのは、有効な選択肢の一つとなる。

そのミニ新幹線を最初に導入したのが、福島で東北新幹線と直通する山形新幹線であった。平成4（1992）年に福島～山形間が開業し、平成11（1999）年には新庄まで延伸している。

ミニ新幹線方式が初めて導入された山形新幹線。法令上は新幹線として扱われず、スピードアップ等は制限されるが、既存の新幹線との直通運転が可能となる

山形新幹線は、基本計画線の一つである奥羽新幹線（福島市～山形市付近～秋田市）とは全く別の存在で、厳密にいえば、明治時代に開業した在来線の奥羽本線（福島～山形～秋田～青森）の一部にあたる。新庄以北へは山形新幹線経由ではなく、東北新幹線の盛岡から在来線の田沢湖線（盛岡～大曲）を経由する秋田新幹線が、同じミニ新幹線方式で平成9（1997）年に開業している。田沢湖線経由というのは基本計画線にすらないルートだが、ミニ新幹線方式に着目することで、奥羽新幹線とは別の枠組みで東京への高速直通列車を早期に実現させたことになる。

山形新幹線の新庄延伸以降、ミニ新幹線方式で開業した路線はない。だが、山形・秋田の両新幹線を見ればわかる通り、ミニ新幹線は既存のフル規格新幹線との直通運転によるメリットが大きい場合に効果を発揮する。したがって、今後、フル規格の新幹線が全国に拡がっていけば、そのフル規格の新幹線とアクセスできる在来線を活用した新たなミニ新幹線が構想される余地はあると思われる。

整備新幹線は50余年を経て完成へ

平成元年に着工された北陸新幹線は、長野オリンピック開幕の4カ月前、平成9年10月に高崎～長野間が開業。昭和48年に整備新幹線が決まってから、実に24年近い歳月が流れていた。

その後、巨額の工費を要する事業だけに財源の問題は常に工事の動きを左右したが、四半世紀以上前に決められた整備新幹線計画そのものは引き継がれてきた。平成以降、二度の非自民党政権の時期があったが、それでも計画はご破算にならなかった。平成5（1993）年に誕生した細川護熙《もりひろ》首相による非自民党連立政権は、東北新幹線の一部区間を除いて建設工事を先送りしたものの、全ての整備新幹線をフル規格で21世紀初頭に開業させる方針を打ち出していた。平成21（２００９）年から平成24（２０１２）年までの民主党政権時代は、公共事業の見直し策の影響で未着工区間の建設が一時凍結されたが、野田佳彦内閣の時期に北海道新幹線（新函館～札幌間）、北陸新幹線（金沢～敦賀間）、九州新幹線西九州ルート（諫早《いさはや》～長崎間）の３路線の着工が認可されている。東北新幹線と九州新幹線鹿児島ルートが全通したのも、偶然ではあるが民主党政権時代だった。

そして、『日本列島改造論』から50年目にあたる令和４（２０２２）年9月、５つの整備新幹線のうち唯一未開業だった九州新幹線の西九州ルートが、一部区間（武雄温泉～長崎間）ではあるが、フル規格の西九州新幹線として運転を開始することになっている。

整備新幹線のうち、開業区間はこれで約１０００キロとなり、東海道新幹線から上越新幹線までの既存区間と合わせると２８００キロ余り。山形・秋田の両ミニ新幹線も加えると、日本全国で新幹線車両が走る路線網は３０００キロを超えることになる。新幹線が東京～岡山間の６７６・３キロだけだった時期に書かれた『日本列島改造論』が提唱する総延長９０００キロの気宇壮大な構想にはまだまだ及ばないが、同書が描いた「全国新幹線鉄道網理想図」は、四国を除いて北海道にも九州にも新幹線が直通している現時点において、骨格程度は実現していると言える。そうすると、整備新幹線の残りの未開業区間の建設を進めることは、さながら、その理想図の完成を追い求めるようなものだろうか。

「並行在来線」という新たな問題

新幹線は「在来線の線路増設」だった

「新たな新幹線を建設するには地元の負担が必要」という場合、それは一般的には、地方自治体が費用の一部を拠出することを意味する。だが、新幹線がやって来る地元にとっては、財源問題と同等か、あるいは住民の日常生活レベルではそれ以上のことかもしれない重大な〝負担〟がある。新幹線に並行して走る在来線をＪＲの経営から切り離す、いわゆる並行在来線問題である。

昭和39年に開業した東海道新幹線やその後に延伸した山陽新幹線は、「すでに存在する在来線の線路を増設した複々線施設」という「屁理屈同然の論法」（53ページ参照）を用いることにより、国鉄の経営判断の一環で建設された。その後、全幹法の手続きに則り国鉄時代に開業した東北新幹線と上越新幹線でも、東海道・山陽新幹線と同じ論法が採用された。そもそも「新幹線に長距離移動の旅客需要を集中させ、在来線は貨物輸送と地元密着の旅客輸送を中心とする」ことを目指す『日本列島改造論』の発想に従えば、新幹線と在来線は一体の存在であり、新幹線ができたからといって、国内物流の根幹を成す在来線だけを国有から切り離して私鉄へ払い下げることなど、全く想定していなかった。

この「新幹線と在来線は同一の路線である」という論法は、現在でもＪＲの運賃計算ルールの至るところに影響を及ぼしている。国鉄時代に開業した東海道・山陽・東北・上越の各新幹線は、実際の総延長距離は並行する在来線より短いにもかかわらず、運賃計算で使用する営業キロは在来線と全く同じに設定されている。並行在来線と接続しない新横浜と、岐阜羽島は岐阜と同じ営業キロが設定されている。同一の路線なのだから、岐阜と岐阜羽島は同じ駅とみなすのである。

営業キロが同じで同一の路線なので、券面に「東海道本線経由」と書かれている乗車券を持って東海道新幹線に乗ることもできるし、その逆も可能だ（ただし、ＪＲ東海が独自に発行する割引乗車券の場合は、東海道新幹線を利用する場合に東海道本線利用時より割引率が抑制されるなどの差が付けられるケースがある）。京都～新大阪間など、新幹線はＪＲ東海で在来線はＪＲ西日本と所属会社が異なっていてもよい。唯一の例外は山陽新幹線の新下関～博多間で、並行する山陽本線・鹿児島本線の下関～博多間が所属するＪＲ九州が平成8（1996）年に運賃改定を実施し、JR西日本所属の新幹線と在来線とで同一距離でも運賃が異なることになったため、この区間を含む乗車券の場合は、あらかじめどちらを利用するかを指定して乗らなければならないことになっている。

整備新幹線の初開業で在来線が一部廃止に

もともと東海道新幹線は、東海道本線の輸送量が限界に達している状況を緩和することが目的だったから、東海道新幹線を開業させることによって東海道本線自体の旅客利用実績が低下することは、むしろ期待される効果とすら言えた。

だが、東海道本線と同じような超繁忙路線は、全国を見渡しても他にない。他の地域で新幹線を在来線に沿って建設すれば、その在来線と新幹線は補完関係というより競争関係になり、当然ながらスピードが遅い在来線の旅客営業成績は落ちる。それがわかっているのに、新幹線も在来線も同じ事業体に運営させることを強いるのは赤字経営を強制するのと同じで、国鉄改革の主旨に反することになる。ましてや、民営化したJRに国が赤字経営の受忍を求めることは不可能である。

そこで、平成元年に整備新幹線として初めて、北陸新幹線の高崎～軽井沢間の着工が決められたとき、並行する信越本線の同区間のうち横川〜軽井沢間については、代替交通機関を準備したうえで新幹線開業時に廃止することとし、そのための協議を運輸省、ＪＲ東日本、及び地元（横川駅が所属する群馬県と軽井沢駅が所属する長野県）との間で行うことが、政府と与党・自民党との間の申合せ（平成元年1月17日付「平成元年度予算編成にあたっての整備新幹線の取扱いについて」）に盛り込まれた。整備新幹線の開業と引替えに在来線が廃止される、というのは、地元住民の生活に直結する重大問題であり、むしろ、自治体として巨額の新幹線建設費を負担するよりも、新幹線建設の負担を住民が身近に実感しやすい。

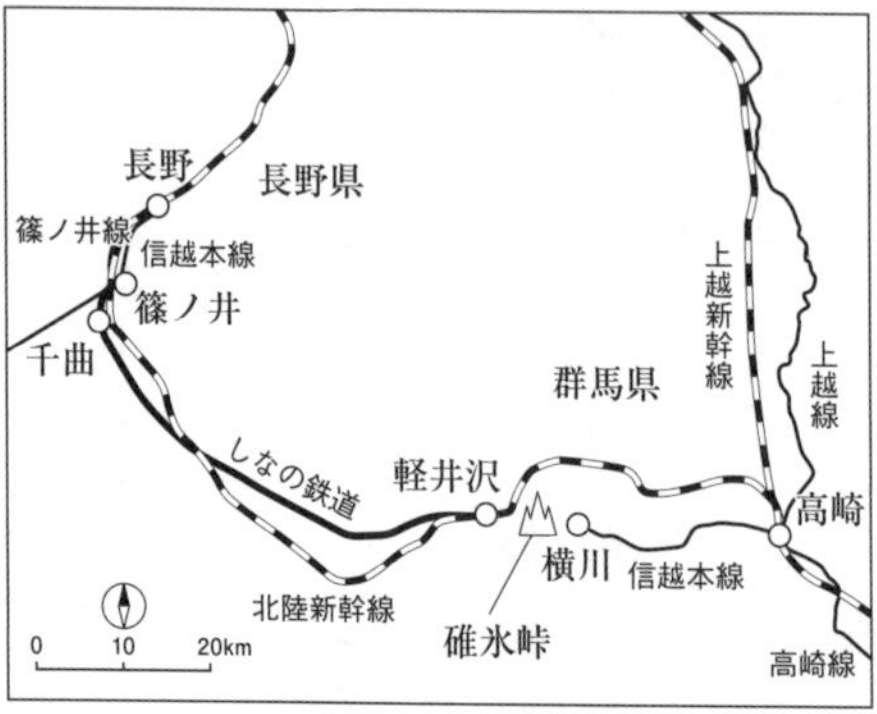

高崎〜軽井沢〜長野間の路線図。碓氷峠を挟む信越本線の横川〜軽井沢間は、北陸新幹線開業と同時に廃止された

ただ、横川〜軽井沢間について、第三セクター化の余地を残さずいきなり「廃止」を明言したのは、この区間の特殊性によるところも大きい。この11・2キロの区間には群馬県

北陸新幹線開業前の碓氷峠を走る在来線特急「あさま」(平成9年・著者撮影)。編成の先頭に勾配克服用の電気機関車が連結されている

と長野県とを隔てる碓氷《うすい》峠があり、線路の勾配は66・7パーミル（1000メートル走ると66・7メートル上がる坂道）もあった。現在のJR最急勾配区間は飯田線赤木～沢渡《さわんど》間の40パーミルだから、その1・5倍以上ものの急勾配はケーブルカーや登山鉄道レベルに近い。このため、この区間を走る特急・急行を含む全ての旅客列車は原則として峠の両側にある横川駅と軽井沢駅で停車し、列車の横川側に峠を越えるための推進補助機関車を連結、または切り離す作業が発生した。この横川駅での長時間停車中に多くの旅客がホームで買い求めて名物になったのが、駅弁「峠の釜めし」である。

一区間の急勾配を越えるためだけに専用の

電気機関車や乗務員を多数配置し、巨大な車両基地（横川運転区）を設置しなければならないため、通常の区間より維持コストが遥かに高くなるのは避けられない。にもかかわらず、この区間は県境であるため、両区間を日々往来する地元の旅客が少ないとされた。新幹線が開業すればこの区間を走る特急や急行列車はなくなり、長距離列車の旅客のためにこの区間を維持する必要性もなくなる。碓氷峠を越える貨物列車は、旅客列車に先んじて国鉄末期に全て廃止されていた。

こうしたことから、鉄道として存続させるための議論がまとまらず、平成9年の北陸新幹線高崎〜長野間開業と同時に、明治以来の鉄道難所として知られた横川〜軽井沢間は鉄道営業そのものを終了するに至ったのである。整備新幹線の開業と引替えに、在来線が一部区間とはいえ実際に廃止されるというのは、『日本列島改造論』が描いていた日本の鉄道のあり方とは全く相容れない事実だったに違いない。

自治体ごとに別の第三セクター鉄道が設立

このとき高崎〜長野間に開業した新幹線の並行在来線は、廃止された横川〜軽井沢間だけでなく、軽井沢〜篠ノ井間がＪＲ東日本から切り離され、長野県や沿線の市町などが母体となって新たに設立された第三セクターのしなの鉄道に移管されている。整備新幹線の開業によって、並行在来線の経営がＪＲから切り離された初の事例である。

この区間をＪＲから分離することは、軽井沢～長野間の新幹線着工を決めた平成２（１９９０）年12月24日付「整備新幹線着工等についての政府・与党申合せ」に、「建設着工する区間の並行在来線は、開業時にＪＲの経営から分離することを認可前に確認すること」と明記されていることに基づいている。その後、整備新幹線に関する政府・与党間の申合せや確認事項は４～７年ごとに書面で取り交わされ、公表されているが、並行在来線については、平成８年12月25日付「整備新幹線の取扱いについて　政府与党合意」に明記された次の３カ条が基本原則となっている。

「⑴　建設着工する区間の並行在来線については、従来どおり、開業時にＪＲの経営から分離することとする。

⑵　具体的なＪＲからの経営分離区間については、当該区間に関する工事実施計画の認可前に、沿線地方公共団体及びＪＲの同意を得て確定する。

⑶　ＪＲからの経営分離後の並行在来線について安定的な鉄道輸送を確保するため、当

表5　並行在来線を継承した第3セクター会社

事業者名	都道府県	区間	営業キロ(km)	開業日	並行新幹線	分離前のJR線名
しなの鉄道	長野県	軽井沢～篠ノ井	65.1	平成9年10月1日	北陸新幹線	信越本線
		長野～妙高高原	37.3	平成27年3月14日	北陸新幹線	信越本線
IGRいわて銀河鉄道	岩手県	盛岡～目時	82.0	平成14年12月1日	東北新幹線	東北本線
青い森鉄道	青森県	目時～八戸	25.9	平成14年12月1日	東北新幹線	東北本線
		八戸～青森	96.0	平成22年12月4日	東北新幹線	東北本線
肥薩おれんじ鉄道	熊本県・鹿児島県	八代～川内	116.9	平成16年3月13日	九州新幹線	鹿児島本線
えちごトキめき鉄道	新潟県	妙高高原～直江津	37.7	平成27年3月14日	北陸新幹線	信越本線
		直江津～市振	59.3	平成27年3月14日	北陸新幹線	北陸本線
あいの風とやま鉄道	富山県	市振～倶利伽羅	100.1	平成27年3月14日	北陸新幹線	北陸本線
IRいしかわ鉄道	石川県	倶利伽羅～金沢	17.8	平成27年3月14日	北陸新幹線	北陸本線
道南いさりび鉄道	北海道	五稜郭～木古内	37.8	平成28年3月26日	北海道新幹線	江差線

該鉄道事業に係る固定資産について税制上の所要の措置を講ずる。」

こうしてしなの鉄道以降、整備新幹線が開業するたびに並行在来線はＪＲの手を離れ、いずれもそれぞれの地元で設立された第三セクター会社に引き継がれた（**表5**）。令和4年の時点では、新幹線の開業に伴い在来線が鉄道営業自体をやめてしまったケースは、横川～軽井沢間の一例のみにとどまっている。

在来線の運営主体が全国一元

運営の鉄道会社でなければならないとは、『日本列島改造論』も言及していない。同書は在来線の主要目的として「通勤、通学輸送」や「新幹線の恩恵に浴さない地方都市や地域を新幹線につらなる都市に結ぶ」ことを挙げている。つまり、新幹線で行ける遠方の都市と直結する長距離旅客列車を在来線に走らせることには、むしろ否定的なスタンスを採っていると言える。その意味では、地域ごとの事情に応じた地元輸送に特化した第三セクター会社が並行在来線の運営を担うことは、『日本列島改造論』の論旨の範囲内の施策ということになる。

ただ、専ら地元輸送のみを担う小さな鉄道会社を永続的に維持するためには、JR時代の運賃よりはどうしても高くならざるを得ない。平成8年の政府与党合意は、「並行在来線について安定的な鉄道輸送を確保するため」の配慮に言及しているが、平成9年に最初の並行在来線移管鉄道としてスタートしたしなの鉄道は、初年度から赤字決算を続け、5年目には債務超過に陥った。

並行在来線はもともと長距離幹線であるから、JRからの分離区間が複数の県に跨る場合もある。その最初の例が、平成14（2002）年に東北新幹線の盛岡～八戸間の開業に伴ってJRから切り離された東北本線の区間で、途中にある目時《めとき》という青森県最南端の駅

JR東北本線から移管された青い森鉄道（青森県）とIGRいわて銀河鉄道（岩手県）。県境を隔てて会社が二分されている

を境に、八戸方面側は青い森鉄道、盛岡側はＩＧＲいわて銀河鉄道に帰属している。目時は駅周辺に数戸の民家があるだけの無人駅で、たまたま県境に一番近い駅であるがゆえに両鉄道の接続点となったに過ぎない。

同様の例は、平成27（２０１５）年に北陸新幹線の長野〜金沢間開業に伴って北陸本線から分離した金沢〜直江津間でも起こっている。こちらは石川県と富山県の県境にある倶利伽羅《くりから》駅、そして富山県と新潟県の県境にある市振《いちぶり》駅という、いずれも小さな無人駅が会社境界駅となった。

さすがに、これらの無人駅で双方の会社が日常的に折返し運転を行って、ＪＲ時代にはなかった乗換えを旅客に強いるようなことはなく、令和４年の時点では、ＪＲ時代とほぼ同様の直通運転が続けられている。それに、地元の自治体、特に都道府県が出資する第三セクター会社である以上、その会社が受け持つ区間が当該都道府県内に限定されるのは不自然なことではない。

だが、事実上一体的に運行されている路線を別々の事業体に小分けすることは、鉄道会社としての別の懸念を生じさせる。

ＪＲ線として運行されていた時代は、ＪＲグループ全体で整備されている鉄道運行システムの中で安全運行が保たれてきた。だが、ＪＲから分離した会社は、原則として、車両や施設、運転システム等に関する全ての安全運行技術の維持や向上を、自前で完結させることが求められる。経営体力に余裕があるわけではない分離会社は、そうした技術を継承していく人材を将来にわたってどう確保していくのかが課題となる。

それだけならば日本各地にある多くの中小私鉄にも共通する経営課題なのだが、並行在来線は多くの場合、その路線だけで全列車の運行が完結するわけではない。路線の性質上、ＪＲや他の独立会社線との間で同じ車両や同種の施設を用いながら直通運転が行われるケースは少なくない。

独立会社としての歴史が重なっていけば、事実上同じ路線を一体的に運営していても、考え方や技術レベルなどに差異が出てくることもあり得る。将来、ＪＲから引き継いだシステムを更新する際に、会社間で意見が分かれる可能性も否定できない。そのような状況でも、直通運転を続けることができるだろうか。

実際、元は同じ路線であっても、新会社発足当初から事業運営の方式に差異は生じている。東北本線から分離した岩手県側のＩＧＲいわて銀河鉄道は、鉄道インフラを自社で所有して列車の運行も担う従来型の運営スタイル（第一種鉄道事業者）となっている。一方、目時以北の青い森鉄道は青森県が線路など鉄道インフラを直接保有し、新会社は列車の運行のみを行う上下分離方式を採用している（施設を保有する青森県が第三種鉄道事業者、列車運行を担当する青い森鉄道が第二種鉄道事業者）。並行在来線で上下分離方式により運営されているのは、令和４年現在、青い森鉄道だけである。

県が施設を直接保有するという点で、同一の路線を引き継いだといっても、青い森鉄道の方が鉄道としての公共性が強い。青い森鉄道という列車運行担当会社は日本民営鉄道協会に加盟する私鉄だが、路線自体は、国鉄からＪＲ東日本という民間企業へ譲渡された後、

15年から20年余りの歳月を経て、再び公有鉄道に戻ったとも言えよう。

貨物列車は切り離せない

第三セクター鉄道となった並行在来線と既存の地方私鉄との決定的な違いは、その多くは貨物列車にとって重要な幹線ルートであり、ＪＲから分離された後も引き続き貨物列車が往来することが予定されている点である。

整備新幹線が完成すると、在来線がＪＲの経営から「分離」することは政府・与党の申合せで決まっている。だが、「分離」された在来線のその後の扱いまでは縛っていないので、仮に「新幹線があれば地元の鉄道はいらない」と地元自治体等が判断すれば、「分離」イコール「廃止」ということも理論上あり得ることになる。だが、ＪＲ線から乗り入れてくる貨物列車が頻繁に走っている路線について、地元負担の条件等が折り合わないからといって「廃止」が選択されることは、現実にはほぼ考えられない。

とはいえ、旅客列車は地元輸送用に特化してコンパクトにできるのに、貨物列車を走らせるためには、幹線並みの設備が必要となる。具体例で示すと、地元客向けの旅客輸送に徹するなら、１～２両程度のディーゼルカーで対応でき、運行頻度によっては単線でよいことになる。

たとえば、九州新幹線の開業によってＪＲ九州から分離した肥薩おれんじ鉄道（八代〜川内《せんだい》間）は、鹿児島本線時代に全線が交流電化されているが、経費削減のため旅客列車はディーゼルカーを使用しており、電化設備を利用するのはＪＲから直通してくる貨物列車のみとなっている。だが、１両あたりの重量が重い貨車を何10両も連ねた長大な貨物列車を、重装備の電気機関車が牽引して頻繁に走るのであれば、ＪＲ時代の複線や電化設備を維持しなければならず、線路をはじめ施設の消耗も旅客列車だけの場合より激しくなる。

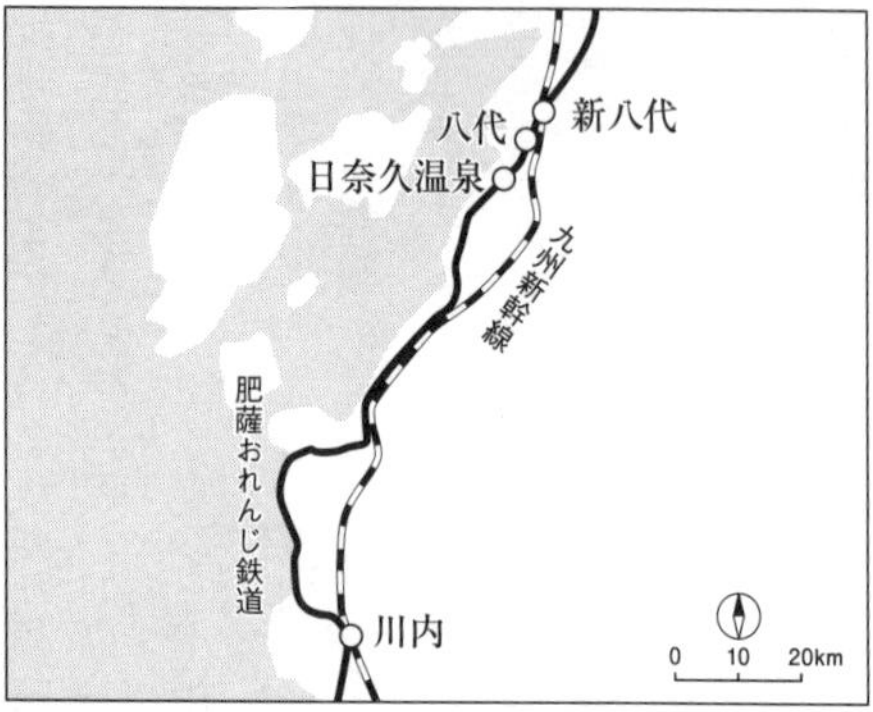

九州新幹線に並行する肥薩おれんじ鉄道。かつてはJR鹿児島本線だった

そこでＪＲ貨物は線路使用料を支払っているのだが、その金額が安ければ並行在来線運営会社の経営を圧迫し、過大になれば鉄道貨物輸送の競争力が失われる。このため、ＪＲ貨物が並行在来線会社に支払う線路使用料の一部を国が補填する制度（貨物調整金制度）

肥薩おれんじ鉄道日奈久温泉駅構内（平成30年・著者撮影）。停車している旅客列車はディーゼルカーだが、通過する貨物列車のための電化施設（架線など）がJR時代のまま維持されている

が設けられた。国として貨物輸送をトラック等の自動車から鉄道や船舶へシフトさせ、二酸化炭素の排出量を削減して環境負荷を低減させようとしている（モーダルシフト）ことからすれば、国が鉄道貨物輸送に一定の補助金を出すことにはそれなりの合理性はあるとも言える。

半世紀前の『日本列島改造論』は、「新幹線ができた区間では通勤、通学以外の旅客輸送の大部分を新幹線に移し、在来線の輸送力を貨物輸送にあてる」べきであると説いた。長距離旅客輸送の需要が新幹線に移り、並行在来線の旅客輸送は通勤、通学などの短距離需要にシフトした点は、その見込みの通りになっている。その現状に特段の問題があるとも思えない。

一方、大規模貨物輸送を担う並行在来線の運営主体が地方ごとに分割され、それらの全ての会社が財務力や鉄道技術の永続的な継承等について、必ずしも一律に安定しているわけではない現状は、国の補助政策があるとはいえ、同書が目指した鉄道による物流のあるべき姿とは異なっているだろう。その理想と現実の差の背景にあるのは、国の物流の大動脈ともいうべき幹線ルートの鉄道貨物輸送を、地方の中小鉄道が自力で担うという構造に対する問題意識の差ではないだろうか。その元を辿れば国鉄がＪＲへと生まれ変わった国鉄改革の是非にまで話が逆戻りしかねず、現在の鉄道貨物輸送のあり方だけを取り出して50年前の同書の予測と比較して客観的な論評をするのは、なかなか難しいことではないかと思う。

第三章　地方ローカル線50年の興亡

『日本列島改造論』の地方鉄道論と野党の反論

新幹線論と一体で語られたローカル線再評価

『日本列島改造論』が説く鉄道政策の大部分は、新幹線ネットワークの拡大に関することが占めている。在来線に関することは、全国新幹線鉄道網ネットワークを整備して長距離旅客需要を新幹線へ集約させたうえで、旅客輸送力に余裕ができた在来線が貨物輸送や地域密着輸送の主役として機能する役割分担を図るべき、という形で言及している。同書の第Ⅳ章「人と経済の流れを変える」の後半項目「工業再配置を支える交通ネットワーク」に並ぶ7つの小項目でも、鉄道をメインテーマとするのは2番目の「開幕した新幹線時代」で、その名の通り新幹線のメリットや将来性が紙幅を割いて語られている。

この「開幕した新幹線時代」の本文は、2つの小見出しによって二分されている。その1番目は「拡大する一日行動圏」というタイトルで、まさに新幹線の話題が凝縮されているのだが、2番目が「国土開発と地方線の再評価」となっていて、新幹線ネットワークの拡大とはほとんど関係ない地方の赤字ローカル線に関する主張が展開されている。

「もう一つ、ふれておかなければならないのは日本国有鉄道の再建と赤字線の撤去問題である。国鉄の累積赤字は四十七年三月末で八千百億円に達し、採算悪化の一因である地方の赤字線を撤去せよという議論がますます強まっている。

しかし、単位会計でみて国鉄が赤字であったとしても、国鉄は採算と別に大きな使命をもっている。明治四年にわずか九万人にすぎなかった北海道の人口が現在、五百二十万人と六十倍近くにふえたのは、鉄道のおかげである。すべての鉄道が完全にもうかるならば、民間企業にまかせればよい。私企業と同じ物差しで国鉄の赤字を論じ、再建を語るべきではない。

都市集中を認めてきた時代においては、赤字の地方線を撤去せよという議論は、一応、説得力があった。しかし工業再配置をつうじて全国総合開発を行なう時代の地方鉄道については、新しい角度から改めて評価しなおすべきである。北海道開拓の歴史が示したように鉄道が地域開発に果す先導的な役割はきわめて大きい。赤字線の撤去によって地域の産業が衰え、人口が都市に流出すれば過密、過疎は一段と激しくなり、その鉄道の赤字額をはるかに越える国家的な損失を招く恐れがある。

豪雪地帯における赤字地方線を撤去し、すべてを道路に切り替えた場合、除雪費用は莫大な金額にのぼる。また猛吹雪のなかでは自動車輸送も途絶えることが多い。豪雪地帯の鉄道と道路を比較した場合、国民経済的にどちらの負担が大きいか。私たちはよく考えなくてはならない。しかも農山漁村を走る地方線で生じる赤字は、国鉄の総赤字の約一割にすぎないのである」

夢の超特急とも称された新幹線をこれから全国に展開しようという明るい未来の話題に比べると、赤字ローカル線の存続問題は「赤字」というマイナスイメージを真正面に掲げざるを得ないためか、新幹線の話に比べてかなりコンパクトにまとめられている。そもそも「開幕した新幹線時代」という項目名からはかけ離れた内容で、他にこの話をする適当な場所がないため鉄道繋がりのこの位置で主張したのか、それとも「新幹線と在来線は一体としてそれぞれにふさわしい役割を担うべき」という主張の一環として、この項目で新幹線と同時に論じるのが妥当だと判断した結果なのか、著者の意図は明らかではない。

国有鉄道経営のあるべき姿を論じた

この短い項目にまとめられている同書の主旨を整理すると、次の4点に分けられる。

①国鉄のローカル線問題は民間企業の尺度で測るべきではない。
②赤字線を廃止すれば、その地域の過疎化と都市部への人口流入による過密化が進む。
③特に豪雪地帯では、鉄道の方が道路より有用である。
④全国の赤字ローカル線の運営によって発生する赤字額は国鉄全体を揺るがすほどのものではなく許容範囲である。

①については、赤字ローカル線の経営が当時の国鉄の収支悪化の要因の一つであると指摘されていたことに対する、田中の一貫した反論そのものである。50ページで紹介した通り、田中は国鉄の単年度収支がまだ黒字だった昭和37（1962）年の鉄建審の会合で「私は、鉄道はやむを得ない事であるならば赤字を出してもよいと考えている」と明言している。このときの田中は、「採算のとれないところの投資をしてはならないということは間違いと思う。鉄道敷設法はそんな精神によって制定されたものと考えていない、鉄道の制度の考え方でペイするとかしないとか考えていたら、鉄道の持つ本当の意義は失われると思う」とも発言している（前掲『日本国有鉄道百年史 第13巻』）。『日本列島改造論』の刊行はこれらの鉄建審での発言から10年後であり、鉄道の経営に対する田中の基本的な考え

方は全くぶれていないことがよくわかる。

②は、同書が提唱する「都市の過密と地方の過疎の同時解消」を図るための工業再配置を後押しする交通ネットワークの整備理由の一つとなっている。最も重視しているのは新幹線だが、そもそも大都市圏以外の地方に鉄道を存在させること自体が重要であるとの考えが根底にある。第Ⅳ章の後半「工業再配置を支える交通ネットワーク」の冒頭で、次のようにそのことを真っ先に訴えている。ここでいう「地方における産業立地の不利をおぎなう」ための鉄道が、赤字ゆえに廃止の検討対象となっていたのが当時の事情であった。

「工業の再配置や地方都市づくりをすすめるためには、交通網や情報網の先行的な整備が欠かせない条件である。人、物、情報の早く、確実で、便利で、快適な大量移動ができなければ、生産機能や人口の地方分散はできないからである。地方都市や農村の多くは、産業に必要な労働力、土地、水を持っているが、大都市にくらべて、長年にわたって蓄積された社会資本にとぼしい。そこで鉄道、道路をはじめとする産業や生活の基盤をつくり、地方における産業立地の不利をおぎなうことが必要である」

③は、新潟の豪雪地帯で生まれ育った田中が〝三国峠演説〟（29ページ）以来、事あるごとに主張した、雪国特有の事情である。昭和40年代はまだ地方の道路整備が発展途上であったうえ、冬季の除雪対策も脆弱で、鉄道なら平年並みの積雪である限り列車が走る場合でも、道路は通行止めになりやすい。現代でも、冬季は半年近く閉鎖される山越えの幹線道路などもある。雪深い地域に住む人たちにとって、とにかく通年で毎日列車が運行される鉄道を待望する気持ちは、都会に住む者の比ではなかったと言われる。

紀行作家の宮脇俊三は昭和46（1971）年8月、福島県と新潟県とを結ぶ只見線（小出～会津若松間）の全通初日に、県境の新規開通区間を走る一番列車に一般旅行者として乗車している。そのときの様子を記した描写からは、『日本列島改造論』の刊行1年前の時期に、雪深い地域に住む人たちがこのローカル鉄道をどれほど待望していたかが伝わってくる。

「只見に近づくと徐行運転になった。線路際に小旗を持った人たちがびっしりと並んでいるからである。

只見は全通による恩恵をもっとも受ける町である。どんな具合いかと窓から首を出して

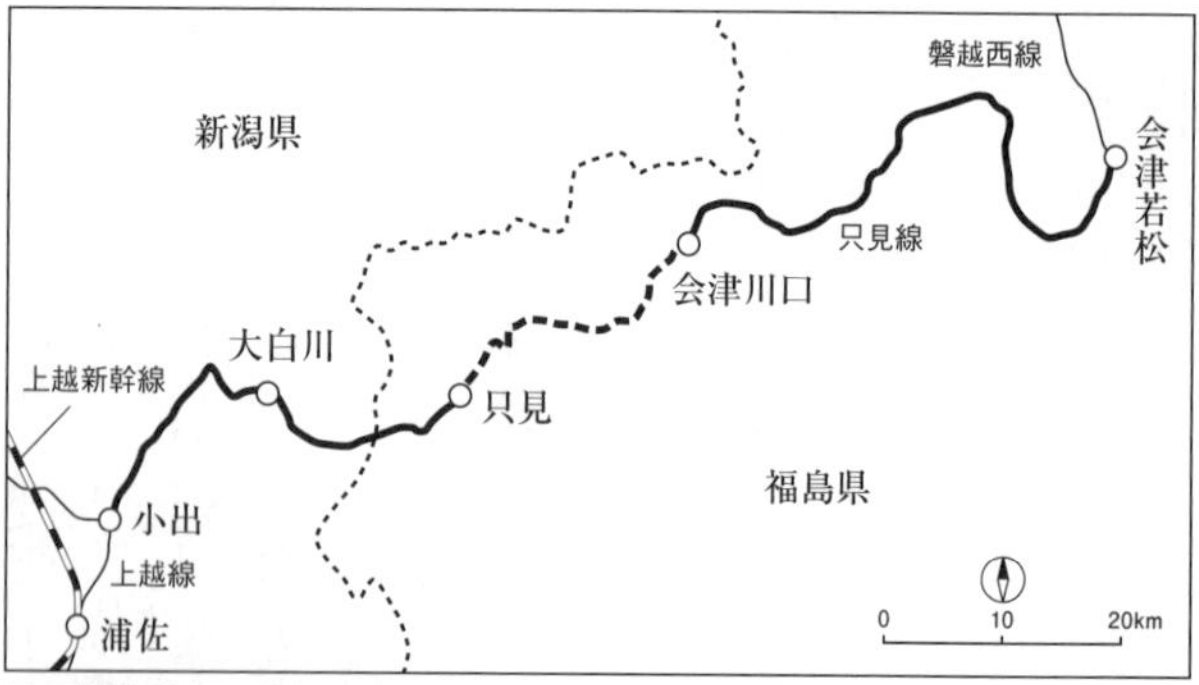

只見線路線図。昭和46年に只見～大白川間が開業して全通した。会津川口～只見間は平成23年7月の豪雨災害以来、10年以上も不通になっていたが、令和4年10月の復旧が予定されている（188ページ参照）

見ると、前方のホームの上は、ブラシを仰向けに置いたように人で埋まっている。構内の側線の上も人でいっぱいである。

列車は警笛を鳴らしながら、ゆっくりと只見駅に進入した。万歳が三唱、四唱され、高校生のブラスバンドが「クワイ河マーチ」を吹き鳴らす。

（中略）車内とホームとが互いに大声で怒鳴りあって騒然となる。窓から上半身を乗り出してホームの人に抱きつく爺さんがいる。婆さんたちはみんな泣きながら笑っている。泣いてないのは私だけのような気がして、少しバツがわるい。

万歳と日の丸とマーチに送られて只見を発車した。時刻表では8時40分発となっているから

只見線全通当日の只見駅。大勢の地元住民がホーム上や線路上で開業記念列車を出迎えた

一〇分の遅れである。

只見から新線区間となり、真新しいトンネルに入った。（中略）トンネルを抜けると雪覆いの下につくられた無人駅田子倉に停車する。雪覆いを支える鉄骨の間から田子倉ダムの湖面が見える。車内に嘆息のような歓声があがった。おそらく、只見からこの地点まで歩くとすれば何時間もかかるにちがいない。溜め息ともつかぬ感嘆の声を、私はそのように聞いた」（宮脇俊三『汽車旅12カ月』潮出版社、昭和54年）

最後の④については、当時の国鉄におけるローカル線の赤字状況に照らすと、

言わんとすることが見えてくる。

国鉄の経営実績は国の収支の一環として、会計検査院が憲法第90条に基づき毎年その決算を検査し、その検査報告は国会に提出されていた。現在でも会計検査院のホームページには、日本国憲法が施行された昭和22（1947）年度以降の全ての年度の国鉄に対する検査結果が公開されている。

特に、『日本列島改造論』の刊行直前にあたる昭和46年度決算以降は、国鉄路線と船舶（青函連絡船などの連絡航路）を幹線約1万キロと地方交通線約1万1000キロに二分し、それぞれについて経営成績を明らかにしている。そこで、この昭和46年度版の決算検査報告の国鉄に関する部分を見ると、幹線系線区の収入は1兆0899億円で鉄道・船舶による総収入の93パーセント、経費は1兆1573億円で鉄道・船舶による総経費の83パーセントを占める。一方、地方交通線は収入が810億円、経費が2408億円である。地方交通線の赤字は1598億円で、当年度の国鉄全体の赤字2425億円の半分以上を占めるが、地方交通線に要する経費自体は、国鉄全体の営業経費1兆4207億円の17パーセントに過ぎない。

つまり、地方交通線の中でも特に路線単体での採算が芳しくない地方ローカル線の営業経費の総額は、相対的に見れば国鉄全体を揺るがすほど高額ではない、という言い方ができる。そのような経費の支出による赤字は、国鉄全体の他部門の営業収入によってカバーできるはずであり、地方の開発を使命とする国有鉄道ならばそうすべきである、というのがここでの論旨であろう。

真正面からの反論は見られず

同書が提唱する鉄道政策の目玉が新幹線であるせいか、新幹線の項目に付け加えられたような赤字ローカル線に関する同書の主張について、真っ向から反論する意見は少ない。前章で取り上げた社会党、公明党、民社党、共産党の主要野党4党による反論書『日本列島改造論批判―わが党は提言する―』を開いても、赤字ローカル線問題について「国民の税金を無駄に使うような赤字の鉄道を擁護するとはけしからん」と息巻く野党の見解は見当たらない。

それどころか、社会党は「国民の足を守る交通政策」として掲げる施策として、「地方交通の赤字については国の補助、財政資金融資を行ない、バス路線の廃止、軌道撤去などを抑える」、あるいは「地方ローカルの通勤・通学電車、地方生活道路などの整備を怠ってはならない」といった提案を並べている。後者については「鉄道、道路ともに高速化を優先させることなく」との留保が付けられており、新幹線ばかりに目を向けることには反対しているが、地方ローカル線の廃止の是非については『日本列島改造論』の意見と同じである。

共産党は、「たちおくれている県内（および地域内）交通網の整備・拡充をいそいで進める」ことを提唱しているものの、具体的な交通政策としては都市部向けのプランが目立つという点は、81ページで指摘した通りである。すなわち、地方の赤字ローカル線の存廃について直接言及してはいないのだが、「『赤字』バス路線の廃止などがあいついでおこる状況を「過疎化をいっそうつよめる交通の破壊」と形容している。したがって、赤字鉄道路線を廃止する議論についても同様の目線に立つと思われる。

また、「住民のくらしと営業をまもるため、交通網を緊急に整備、拡充」するため、「雪害から交通をまもる」べきと主張して、「鉄道は、大雪にみまわれ、除雪がむずかしい地域では、アーチ型雪除けをもうける」という具体策まで提示している。雪国の交通手段として鉄道が重要であり、それゆえに雪害対策の然るべき投資をきちんと行うべきというのは、「赤字の鉄道路線に金をかけるな」という発想を否定するものであり、これまた『日本列島改造論』の主張と軌を一にする。

このように、社会党も共産党も、赤字ローカル線問題については『日本列島改造論』のコンパクトな主張にほぼ同意していると言ってよい。公明党と民社党に至っては、この問題について言及すらしていない。

もともと、党としてまとまった反論が出しにくい性質の問題でもある。どんなに赤字の路線であっても、地元の住民にとっては重要な存在である場合がほとんどだ。「国鉄全体の経営改善のため、赤字の地方路線は廃止する」という主張に賛成したら、与野党を問わず、対象路線の地元を選挙区とする国会議員は次の選挙で落選する危険がある。政党間よりも、当該議員の選挙区が都市部か地方の農村・漁村か、によって見解の対立が起こりやすいため、政党として赤字路線の存廃に関する統一見解を打ち出しにくかったのではないかと思われる。

国鉄時代の赤字ローカル線廃止策

田中内閣の下で赤字路線の廃止策は凍結

赤字83線（52ページ参照）の廃止方針は、「鉄道はやむを得ない事情があれば赤字でも構わない」と考える田中角栄を首班とする新内閣の成立とともに事実上ストップした。『日本列島改造論』の刊行前日（昭和47年6月19日）には赤字83線の一つ、北海道・札沼線の新十津川～石狩沼田間が廃止されていたが、これが赤字83線としての最後の廃線となった。

それどころか、田中内閣成立のわずか1週間後に、その札沼線より利用者数の見込みが少ない同じ北海道にある白糠《しらぬか》線の延伸区間（上茶路《かみちゃろ》～北進《ほくしん》間）の開業を運輸大臣が認可している。新規路線の建設を担当する鉄建公団のローカル線建設予算は、すでに昭和40年代前半に少しずつ増やされてはいたが、田中内閣によって編成された昭和48（１９７３）年度予算ではいきなり前年比1・5倍の３３０億円、翌昭和49（１９７４）年度は３５０億円が組まれた。しかも、昭和49年度の決算は４１７億円余りとなっており、当初の予定より67億円以上も多い国費をローカル線の建設につぎ込んだことになる。

その一方で、国鉄の財政悪化には歯止めがかからなかった。田中内閣時代も含めて日本政府も国鉄財政の再建には継続的に取り組んでいたものの、度重なる運賃の値上げや労働運動の激化による貨客の国鉄離れの影響で、輸送量の増大による増収は達成できず、職員の削減等による人件費の抑制などもままならなかった。

国鉄再建法の成立と施行

こうして、国鉄の赤字は国政にとっても深刻な状況となるに至り、昭和55（1980）年に日本国有鉄道経営再建促進特別措置法、いわゆる国鉄再建法が成立する。この法律及びその施行のための政令によって、輸送密度（1日1キロメートルあたりの輸送人員）が一定基準を下回り、代替道路の未整備や積雪による道路の通行止め期間が長いなどの事情がなくバスに転換した方が良いと思われる路線（特定地方交通線）は、赤字83線の場合と異なり、最終的に地元の同意がなくても強制的に廃止できることになった。

雪国の積雪事情に配慮した例外扱いが認められている点では、133ページに挙げた『日本列島改造論』における赤字路線関係の論旨③（特に豪雪地帯では鉄道の方が道路より有用である）の発想が活きているといえるが、他の3つの視点はこの法律によってほぼ否定されたと言ってよいだろう。「国鉄のローカル線問題は民間企業の尺度で測るべきではない」とする①の発想は、客観的な輸送実績の数値を基準として路線の存廃を決する同法とは対極的だし、④（全国の赤字ローカル線の運営によって発生する赤字額は国鉄全体を揺るがすほどのものではなく許容範囲である）に至っては、すでに「許容範囲」を超えているとみなされたからこそこのような強制的な路線廃止を認める法律が成立したことになる。②（赤字線を廃止すればその地域の過疎化と都市部への人口流入による過密化が進む）についても、赤字の規模が極めて深刻な路線は、もはやその路線の存廃が沿線の過疎化や都市部の過密化にさしたる影響を与えないだろう、という国の判断が、この法律の成立事情となったのは明らかである。

なお、①の発想の根幹にある国有鉄道それ自体が、この国鉄再建法の成立からわずか7年後に民営化されることになるが、国鉄の分割・民営化は国鉄再建法に基づく政策ではなく、昭和57（1982）年9月の鈴木善幸内閣による閣議決定に基づいて実施された行政改革である。自ら越後交通という鉄道・バス会社を経営していた田中は、国有鉄道という形態そのものに固執していたわけではなく、赤字路線を守るためには私鉄と同じように国鉄自身が沿線の宅地開発やホテル経営といった兼業を手掛けて多角経営をすべきと考えており（国鉄は基本的に鉄道以外の事業を営むことが認められていなかった）、本州全体と九州の鉄道分割には反対していたものの、民営化には賛成だったという（早坂茂三『早坂茂三の「田中角栄」回想録』小学館、昭和62年）。

第三セクター方式による新たな地方鉄道の誕生

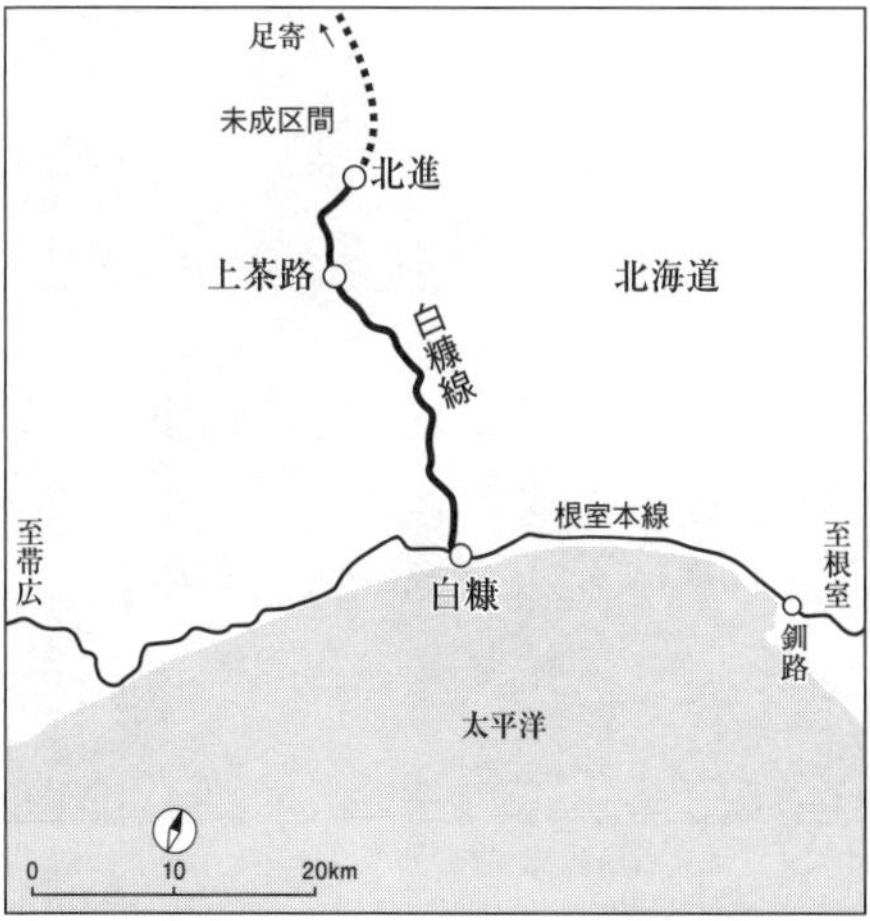

白糠線路線図。上茶路～北進間の延長開業からわずか11年で廃止となった

国鉄再建法に基づいて廃止された赤字ローカル線の第一号は、昭和58（1983）年10月、わずか11年前に田中内閣の下で開業した北海道の白糠線（白糠～北進間）だった。大正時代に改正された鉄道敷設法別表によれば、白糠線は「釧路国白糠ヨリ十勝《とかち》国足寄《あしよろ》ニ至ル鉄道」と定められており、足寄で国鉄池北《ちほく》線（平成元年に北海道ちほく高原鉄道へ移管。平成18年廃止）に接続して、釧路方面と北見方面とを短

営業最終日に運行された「さよなら白糠線」臨時列車

絡する目的を持っていた。したがって、北進までの先行開業区間だけでは本来の役割を果たし得ないのだが、そういう状態での輸送実績の不振を理由に、全線が本当に廃止されてしまった。

国鉄再建法が成立し、廃止基準を具体的に定めた政令が制定された後も、赤字83線の大半が廃止にならなかった過去の経緯もあってか、廃止対象とされた「77線区のほとんどが生き残りそうな気がしてならないのである」(宮脇俊三「線名恐るべし」『鉄道ジャーナル』昭和56年9月号。その後『汽車との散歩』〔新潮社、昭和62年〕所収)という楽観的な見方もあった。だが、莫大な国費と長い期間をかけて建設されたローカル線の廃止が白糠線で実行されたことで、他の特定地方交通線も、国鉄のままで今後も旅客営業を続けることはできないことが、より現実的な問題として受け止められるようになった。

特定地方交通線の地元自治体は、国鉄再建法にいう「一般乗合旅客自動車運送事業……による輸送」、つまりバスに転換するか、または国鉄以外の鉄道事業者にその路線を移管して鉄道としての営業を継続するか、の二択を迫られた。この結果、特定地方交通線に指定された83線区3157・2キロ（当時の国鉄総延長距離の14パーセント）のうち、45線区1846・5キロがバスに転換したが、38線区1310・7キロは平成2（1990）年までに別の鉄道会社に経営移管された（表6）。

国鉄再建法の条文がバス転換を先に定め、新会社への鉄道移管を後回しにしていることや、転換後5年間の政府による損失補填の範囲がバスの場合は経常損失の全額、鉄道の場合は半額となっていることからすれば、当時の政府としてはバスへの転換を図ることが主眼だったはずである。それでも、特定地方交通線の45パーセントに相当する路線が鉄道として存続する道を選んだことは、地元住民の交通機関として鉄道が存在することの意義を重く見た地域が、政府の想定以上に多かったのではないかと思われる。

この38社のうち2社は既存の私鉄やバス会社だった（青森県の弘南鉄道〔黒石線を継承〕

表6　国鉄再建法によって特定地方交通線に指定された路線

	国鉄・JRでの廃止日	路線名	都道府県	区間	営業キロ(km)	転換形態	現況
1	昭和58年10月23日	白糠線	北海道	白糠～北進	33.1	バス	
2	昭和59年4月1日	久慈線	岩手県	久慈～普代	26.0	三陸鉄道	
3		宮古線	岩手県	宮古～田老	12.8	三陸鉄道	
4		盛線	岩手県	盛～吉浜	21.5	三陸鉄道	
5		日中線	福島県	喜多方～熱塩	11.6	バス	
6		赤谷線	新潟県	新発田～東赤谷	18.9	バス	
7		魚沼線	新潟県	来迎寺～西小千谷	12.6	バス	
8		清水港線	静岡県	清水～三保	8.3	バス	
9	昭和59年10月1日	神岡線	富山県・岐阜県	猪谷～神岡	20.3	神岡鉄道	平成18年廃止
10	昭和59年10月6日	樽見線	岐阜県	大垣～美濃神海	24.0	樽見鉄道	
11	昭和59年11月1日	黒石線	青森県	川部～黒石	6.6	弘南鉄道(私鉄)	平成10年廃止
12	昭和59年12月1日	高砂線	兵庫県	加古川～高砂	6.3	バス	
13		宮原線	大分県・熊本県	恵良～肥後小国	26.6	バス	
14		妻線	宮崎県	佐土原～杉安	19.3	バス	
15	昭和60年3月14日	小松島線	徳島県	中田～小松島	1.9	バス	
16	昭和60年4月1日	相生線	北海道	美幌～北見相生	36.8	バス	
17		渚滑線	北海道	渚滑～北見滝ノ上	34.3	バス	
18		万字線	北海道	志文～万字炭山	23.8	バス	
19		北条線	兵庫県	粟生～北条町	13.8	北条鉄道	
20		三木線	兵庫県	厄神～三木	6.8	三木鉄道	平成20年廃止
21		倉吉線	鳥取県	倉吉～山守	20.0	バス	
22		香月線	福岡県	中間～香月	3.5	バス	
23		勝田線	福岡県	吉塚～筑前勝田	13.8	バス	
24		添田線	福岡県	香春～添田	12.1	バス	
25		室木線	福岡県	遠賀川～室木	11.2	バス	
26		矢部線	福岡県	羽犬塚～黒木	19.7	バス	
27	昭和60年7月1日	岩内線	北海道	小沢～岩内	14.9	バス	
28		興浜北線	北海道	浜頓別～北見枝幸	30.4	バス	
29		大畑線	青森県	下北～大畑	18.0	下北交通(私鉄)	平成13年廃止
30	昭和60年7月15日	興浜南線	北海道	興部～雄武	19.9	バス	
31	昭和60年9月17日	美幸線	北海道	美深～仁宇布	21.2	バス	
32	昭和60年10月1日	矢島線	秋田県	羽後本荘～羽後矢島	23.0	由利高原鉄道	
33	昭和60年11月16日	明知線	岐阜県	恵那～明知	25.2	明知鉄道	

	国鉄・JRでの廃止日	路線名	都道府県	区間	営業キロ(km)	転換形態	現況
34	昭和61年 4月 1日	甘木線	佐賀県・福岡県	基山～甘木	14.0	甘木鉄道	
35		漆生線	福岡県	下鴨生～下山田	7.9	バス	
36		高森線	熊本県	立野～高森	17.7	南阿蘇鉄道	
37	昭和61年 7月 1日	丸森線	宮城県	槻木～丸森	17.4	阿武隈急行	
38	昭和61年11月 1日	胆振線	北海道	伊達紋別～倶知安	83.0	バス	
39		富内線	北海道	鵡川～日高町	82.5	バス	
40		角館線	秋田県	角館～松葉	19.2	秋田内陸縦貫鉄道	
41		阿仁合線	秋田県	鷹ノ巣～比立内	46.1	秋田内陸縦貫鉄道	
42	昭和61年12月 11日	越美南線	岐阜県	美濃太田～北濃	72.2	長良川鉄道	
43	昭和62年 1月 10日	宮之城線	鹿児島県	川内～薩摩大口	66.1	バス	
44	昭和62年 2月 2日	広尾線	北海道	帯広～広尾	84.0	バス	
45	昭和62年 3月 14日	大隅線	鹿児島県	志布志～国分	98.3	バス	
46	昭和62年 3月 15日	二俣線	静岡県	掛川～新所原	67.9	天竜浜名湖鉄道	
47	昭和62年 3月 16日	瀬棚線	北海道	国縫～瀬棚	48.4	バス	
48	昭和62年 3月 20日	湧網線	北海道	中湧別～網走	89.8	バス	
49	昭和62年 3月 23日	士幌線	北海道	帯広～十勝三股	78.3	バス	
50	昭和62年 3月 27日	伊勢線	三重県	河原田～津	22.3	伊勢鉄道	
51	昭和62年 3月 28日	佐賀線	佐賀県・福岡県	佐賀～瀬高	24.1	バス	
52		志布志線	宮崎県・鹿児島県	西都城～志布志	38.6	バス	
53	昭和62年 3月 30日	羽幌線	北海道	留萠～幌延	141.1	バス	
54	昭和62年 7月 13日	幌内線	北海道	岩見沢～幾春別	18.1	バス	
55		信楽線	滋賀県	貴生川～信楽	14.8	信楽高原鐵道	
56	昭和62年 7月 16日	会津線	福島県	西若松～会津高原	57.4	会津鉄道	
57	昭和62年 7月 25日	岩日線	山口県	川西～錦町	32.7	錦川鉄道	
58	昭和62年10月 14日	若桜線	鳥取県	郡家～若桜	19.2	若桜鉄道	
59	昭和63年 1月 31日	岡多線	愛知県	岡崎～新豊田	19.5	愛知環状鉄道	
60	昭和63年 2月 1日	松前線	北海道	木古内～松前	50.8	バス	
61		山野線	熊本県・鹿児島県	水俣～栗野	55.7	バス	
62	昭和63年 3月 24日	木原線	千葉県	大原～上総中野	26.9	いすみ鉄道	

	国鉄・JRでの廃止日	路線名	都道府県	区間	営業キロ (km)	転換形態	現況
63	昭和63年 3月25日	能登線	石川県	穴水～蛸島	61.1	のと鉄道	平成17年廃止
64	昭和63年 4月 1日	松浦線	佐賀県・長崎県	有田～佐世保	93.9	松浦鉄道	
65		中村線	高知県	窪川～中村	43.4	土佐くろしお鉄道	
66	昭和63年 4月11日	真岡線	茨城県・栃木県	下館～茂木	42.0	真岡鐵道	
67	昭和63年 4月25日	歌志内線	北海道	砂川～歌志内	14.5	バス	
68	昭和63年 9月 1日	上山田線	福岡県	飯塚～豊前川崎	25.9	バス	
69	昭和63年10月25日	長井線	山形県	赤湯～荒砥	30.6	山形鉄道	
70	平成元年 3月29日	足尾線	群馬県・栃木県	桐生～間藤	44.1	わたらせ渓谷鐵道	
71	平成元年 4月28日	高千穂線	宮崎県	延岡～高千穂	50.1	高千穂鉄道	平成20年廃止
72	平成元年 4月30日	標津線	北海道	標茶～根室標津	69.4	バス	
				中標津～厚床	47.5	バス	
73	平成元年 5月 1日	天北線	北海道	音威子府～南稚内	148.9	バス	
74		名寄本線	北海道	名寄～遠軽	138.1	バス	
				中湧別～湧別	4.9	バス	
75	平成元年 6月 4日	池北線	北海道	池田～北見	140.0	北海道ちほく高原鉄道	平成18年廃止
76	平成元年10月 1日	伊田線	福岡県	直方～田川伊田	16.2	平成筑豊鉄道	
77		糸田線	福岡県	金田～田川後藤寺	6.9	平成筑豊鉄道	
78		田川線	福岡県	行橋～田川伊田	26.3	平成筑豊鉄道	
79		湯前線	熊本県	人吉～湯前	24.9	くま川鉄道	
80	平成元年12月23日	宮田線	福岡県	勝野～筑前宮田	5.3	バス	
81	平成２年 4月 1日	宮津線	京都府・兵庫県	西舞鶴～豊岡	83.6	北近畿タンゴ鉄道	京都丹後鉄道
82		鍛冶屋線	兵庫県	野村～鍛冶屋	13.2	バス	
83		大社線	島根県	出雲市～大社	7.5	バス	

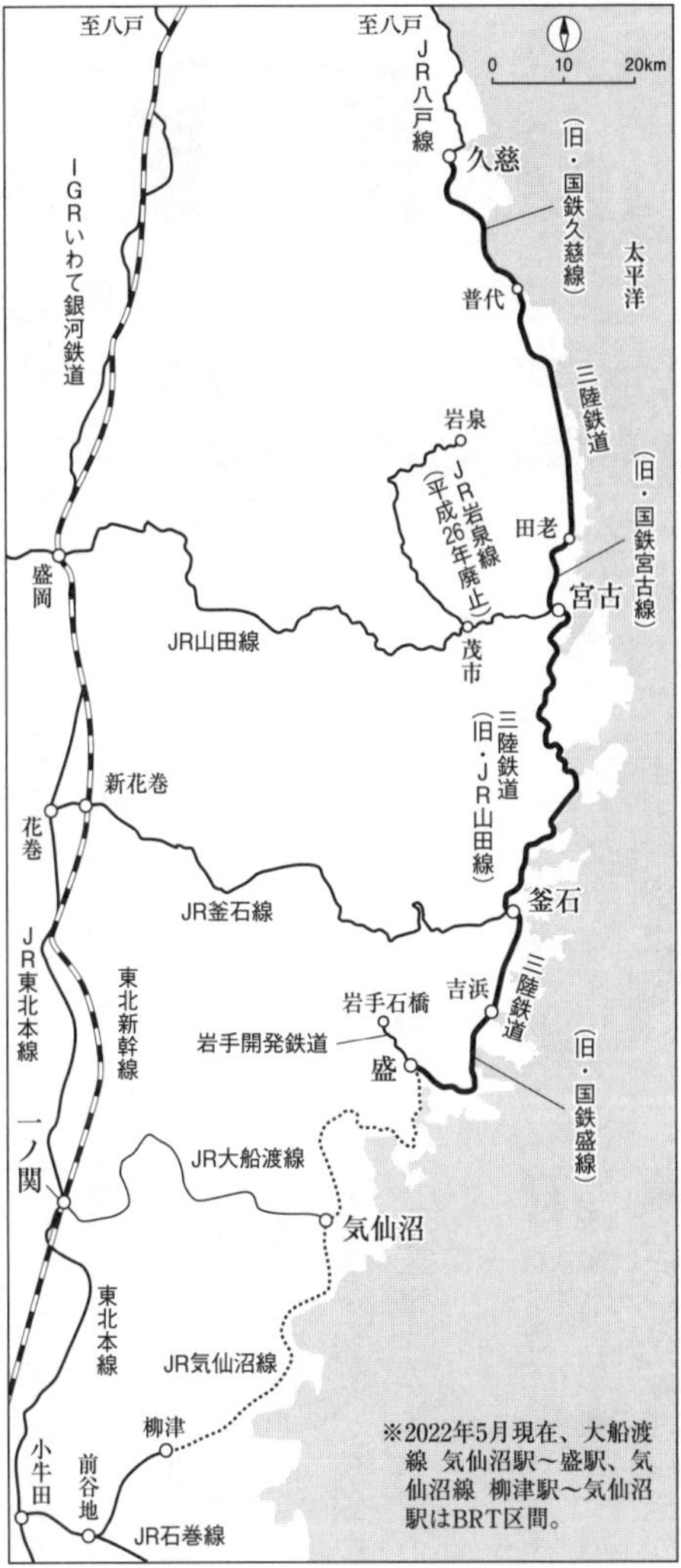
至八戸
至八戸
JR八戸線
0 10 20km
久慈
(旧・国鉄久慈線)
太平洋
普代
IGRいわて銀河鉄道
三陸鉄道
岩泉
JR岩泉線(平成26年廃止)
(旧・国鉄宮古線)
田老
盛岡
宮古
JR山田線
茂市
三陸鉄道(旧・JR山田線)
新花巻
花巻
釜石
JR釜石線
三陸鉄道
吉浜
JR東北本線
東北新幹線
岩手石橋
岩手開発鉄道
盛
(旧・国鉄盛線)
一ノ関
JR大船渡線
気仙沼
東北本線
JR気仙沼線
柳津
※2022年5月現在、大船渡線 気仙沼駅～盛駅、気仙沼線 柳津駅～気仙沼駅はBRT区間。
小牛田
前谷地
JR石巻線

三陸沿岸の鉄道路線図

と下北交通〔大畑線を継承〕）が、それ以外の36社は全て、地元の自治体や企業等が共同出資して新たに設立された第三セクター会社である。かつての赤字83線時代には、このような方式での路線存続は見られなかった。

三陸鉄道は第3セクター鉄道の草分け的存在

その先端を切ったのが昭和59（1984）年4月に開業した三陸鉄道で、久慈線、宮古線、盛線の3線をまとめて継承するとともに、未開業だった久慈線～宮古線を結ぶ新線と盛線の残り区間も工事を完成させ、三陸海岸沿いの縦貫鉄道として新たなスタートを切った。平成25（2013）年に朝の連続テレビ小説『あまちゃん』で登場したローカル鉄道「北三陸鉄道」のモデルにもなっており、国鉄の赤字ローカル線を引き継いだ第三セクター鉄道のモデル例として知名度が高い。

第三セクター鉄道による赤字ローカル線の継承は、国鉄側からすれば不採算路線の切り離しであり、本来は国策に基づいて存続していた鉄道路線の運営や責任といった負担を、地元に転嫁する側面を有している。だが他方において、国鉄の手を離れた第三セクター鉄道には、地元自治体が財政的な支援だけでなく、その運営に直接関与できるようになったことは、新たな特徴と捉えることができる。『日本列島改造論』は「私企業と同じ物差しで国鉄の赤字を論じ、再建を語るべきではない」と断じていたが、地元自治体が地方路線の運営に直接関与できる仕組みを、鉄道が〝公共〟交通機関であることの構造的な保証体制と捉えてみれば、結果論ではあるけれども、同書が強調していた地方鉄道の擁護論の主旨はなお生きていると言うこともできるだろう。

順風満帆とはいかないその後の転換路線

とはいえ、各地の第三セクター会社が引き受けた路線は、いずれも営業成績の不振ゆえに廃線候補とされたのであり、地元会社が引き受けたところでいきなり営業成績が劇的に好転するはずはない。

前出の三陸鉄道の場合、最大株主である岩手県は開業5年後から黒字と試算していたが、実際には初年度から黒字を記録し、その後10年間は黒字経営を維持した。だが、輸送人員は開業初年度の約269万人をピークに減少の一途を辿り、東日本大震災前の平成20

（2008）年度には100万人を割り込んでいる。その要因は沿線住民の一世帯あたりにおける乗用車の保有台数の高まり、そのうえでの沿線住民人口の減少、少子高齢化による通学利用者の減少などさまざまに重なっているとされる。

全国を見渡せば、開業直後から10年間も黒字を計上した三陸鉄道のような例は少数で、多くの第三セクター鉄道は恒常的に赤字経営を続けている。中には、国鉄・JRからの転換後10数年を経て、経営が持ちこたえられず廃線に至った路線も複数存在する（148〜150ページの**表6**参照）。既存の私鉄やバス会社が引き受けた青森県の黒石線（昭和59年に弘南鉄道黒石線へ転換）と大畑線（昭和60年に下北交通大畑線へ転換）は、それらの第三セクター鉄道に先駆けて平成10（1998）年（黒石線）と平成13（2001）年（大畑線）にそれぞれ廃止されている。

鉄道による存続を選択せず、当初からバスに転換された路線も、代替バスの永続的な運行が保証されるわけではない。北海道の湧網《ゆうもう》線（中湧別〜網走間。昭和62年廃止）のように、廃止後20数年を経てその転換バスも廃止されてしまい、現在では公共交通機関を利用して同じ区間を移動することができなくなっているケースもある。新潟県を走っていた赤谷線（新発田《しばた》〜東赤谷間。昭和59年廃止）は、転換バスが平成30（2018）年3月限りでかつての終着駅・東赤谷までの一区間（赤谷～東赤谷間）に相当する区間が廃止され、東赤谷への公共交通機関が消滅してしまった。現在、旧東赤谷駅付近には人が住む集落が全くないのだという。

鉄道を地域経済活動の一要素と捉える視点

国鉄の赤字ローカル線は、いずれも本来はその地域の振興や周辺地域を含めた広域圏の交通の利便向上を目的として、鉄道敷設法改正法に列挙されていた。したがって、同法成立時に想定されていた利用者はまず地元住民であり、当該路線が両端の駅で他の路線と接続していた場合は、その短絡効果を求める直通列車の

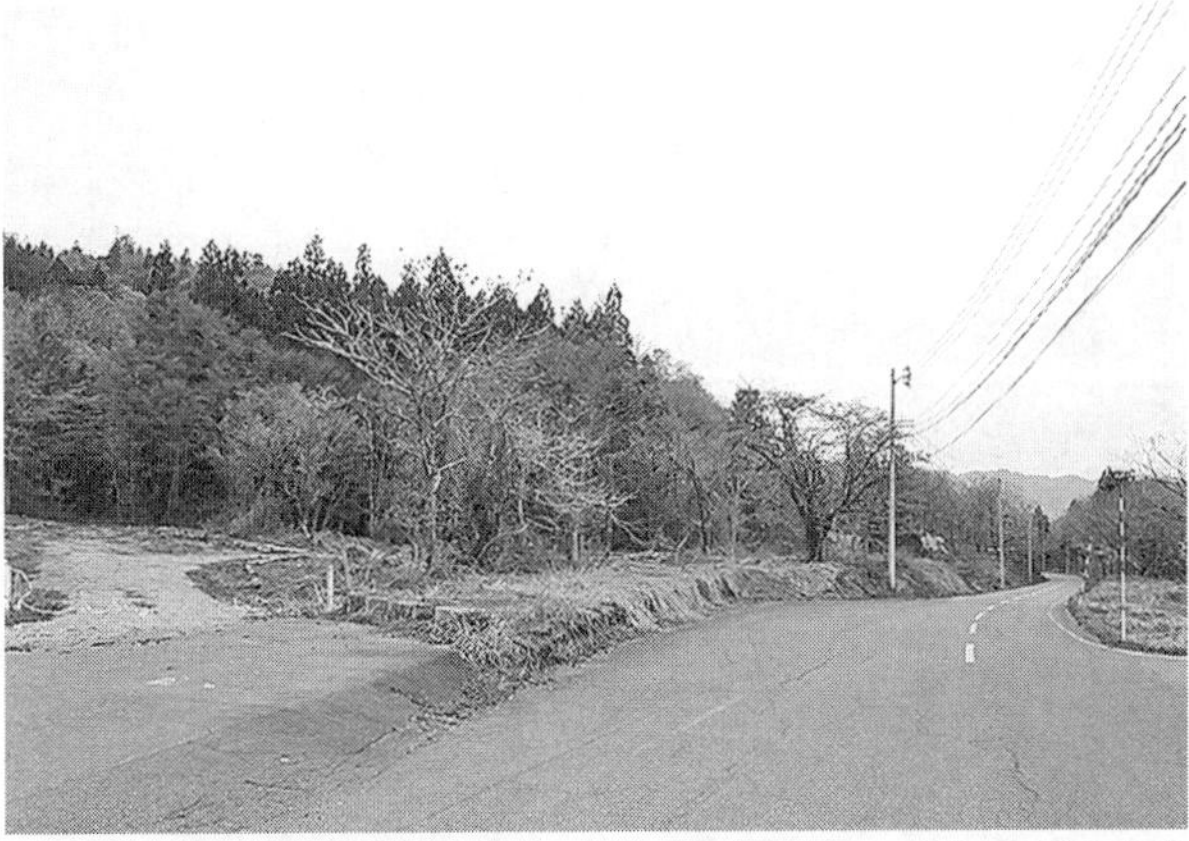

旧・赤谷線東赤谷駅跡（著者撮影）。全国の国鉄で唯一のスイッチバック式終着駅で、右の坂道（線路跡）を上ってきた列車は左側の平坦部に設けられた駅構内に到着していた。令和4年現在、周辺に人家はない

通過客だったはずである。

だが、その地元客の利用状況が芳しくなく、しかも全線開通前の先行開業区間だけでは本来の短絡効果なども発揮できないまま特定地方交通線として廃線の危機に晒された第三セクター鉄道は、国鉄から切り離されたとしても、そうした法制定当初の想定客だけを念頭に置いていたのでは抜本的な経営改善は実現できない。となると、地域外からの非日常的な利用客、すなわち観光客を呼び込むことが路線の存続にとって不可欠となる。

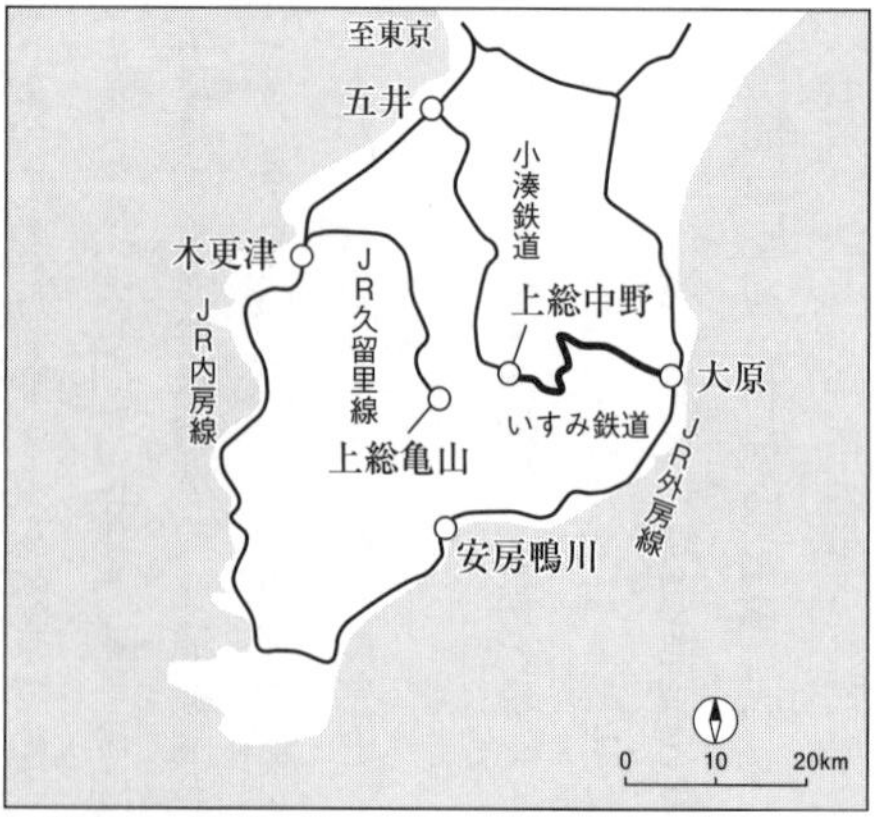

房総半島の鉄道路線図。いすみ鉄道(旧・国鉄木原線)は、当初は久留里線と提統して半島横断鉄道となる予定だった

だが、特定地方交通線から転換された第三セクター鉄道の多くは、転換当初はまず地元客向けのサービス向上に注力した。国鉄時代の古びた車両から軽快な新型車両に切り替え、駅の数を増やし、列車の本数も増やした。沿線の住民にとって鉄道の存在を身近に感じてもらうことは、地元密着型

鉄道の存立の前提とも言うべき要素であり、それ自体は重要な施策であろう。

だが、それだけではほとんどの場合、結局経営状態は頭打ちになり、国鉄末期のような赤字経営云々という議論が再燃してしまう。第三セクター鉄道は地元の自治体がメインの出資者としてその経営に直接関与できるのだから、「この地域に鉄道が存在することによって発生するメリットが総合的に見てプラスであれば、鉄道会社単体としては赤字であっても存在意義はある」という方針が地元の自治体、ひいては多数住民によって共有されれば、新しい観光需要を喚起して地域経済の発展に繋げる工夫は、全国一元経営だった国鉄時代よりもむしろ地元の判断だけで実行しやすい環境にあると見ることもできる。

第三セクター化後も慢性的な赤字経営に悩み、一時は地元自治体が廃線も検討していたのに、公募によって就任した新社長の経営施策によって鉄道の存続が決まった千葉県のいすみ鉄道（大原～上総中野間。国鉄木原線が昭和63年に転換）は、その好例と言えよう。廃線危機までは地元客向けの小さなレールバスが往復するだけの地味な路線だったが、鉄道ファン向けに国鉄製の古びたディーゼルカーを導入したり、車内で豪華なランチが楽しめるレストラン列車を走らせたりといった観光振興策を次々と展開。同鉄道の運転士を「養成訓練費700万円は自己負担」という異例の条件で募集したことでも注目を集めた。

同社の施策が「鉄道の乗客を増やすこと」のみにこだわっていないことの象徴が、「国鉄型のディーゼルカーに掲出するヘッドマーク」ではないだろうか。鉄道ファン以外には何のことやら、と思われるかもしれないので説明すると、同社はすでに製造から40年以上経っていたディーゼルカーをJRから譲り受け、国鉄時代のカラーリングで整備して定期列車に投入した。この車両は、週末になると決まった列車名のヘッドマークを掲げて走る。昭和40年代に千葉県内の国鉄線を実際に走っていた急行列車とほぼ同じデザインのマークで、かつ複数の種類が用意されている。

国鉄時代のヘッドマークを付けて走るいすみ鉄道ディーゼルカー(旧・国鉄キハ52。塗装は"国鉄一般色"と呼ばれる国鉄時代の全国共通カラー)

それだけでなく、「雨が降る日は乗務員が自分の運転する列車に好きなヘッドマークを掲げてよい」というルールを社長が発案したことで、雨天の週末には千葉県と縁もゆかりもない地域にかつて走っていた列車名のヘッドマークを掲げた国鉄スタイルのディーゼルカーが姿を見せるようになった。そうすると、好天の日はもとより、雨の日にも鉄道ファンがその列車の写真を撮りに首都圏その他から、沿線に何度もやって来ることになる。国鉄時代は日本全国どこでも同じ形式、同じカラーリングの車両が走っていたので、ヘッドマークだけ変えれば同じ車両がかつて実在した別の列車の再現に見えるからだ。

この発想は、鉄道会社が「列車の乗客を増やす」ことにこだわっている限り出てこない。走行中の鉄道写真を沿線から撮影するファンのほとんどは、肝心の列車には乗らず、したがって乗車券代を払うことはない。それでも、鉄道写真を撮るために地域外の旅行者がやって来れば、地元で何らかの消費をして地域経済に好影響を与える。それでよいではないか、というわけである。

こうした施策を次々に打ち出したいすみ鉄道には、次第に県外からの観光客が多くやって来るようになった。その結果、廃線の危機を脱しただけでなく、第三セクター鉄道の活性化の好例として知名度が飛躍的に向上した。

個人的な感想になってしまうのだが、首都圏で生まれ育った私は、昭和末期の国鉄木原線時代も、経営難で廃線の危機にあった平成中期の鄙《ひな》びたいすみ鉄道時代も、直接見たり乗ったりして知っている。地元の方には申し訳ないが、その当時はほとんど路線の個性を感じられず、あえて再訪したいと思わせる要素もなかった。それが、全国から鉄道ファンが集まる活況を呈する路線に変貌するとは全く予想していなかったし、同じローカル線が経営方針の変化によってここまで変わるのかと思うと、感嘆せずにはいられない。

地元の自治体などが出資して公金が投入される第三セクター鉄道の企業としての収支が、公共性の観点から社会的に注目されるのは当然ではある。だが、国全体で人口が減りつつあり、かつ地方では自家用車の保有率が高まり、少子高齢化によって通学利用客の今後の増加が見込めない以上、地元住民の利用だけで鉄道事業の安定的な黒字経営を継続させることはますます困難になることが容易に予想できる。そのような状況下で、自社鉄道を地域の経済活動を構成する一要素と位置づけ、鉄道の存在自体に付加価値を持たせようとする視点は、純然たる私鉄よりも、会社の形態をとりつつ地元自治体が大きく関与する第三セクター鉄道の将来にこそ適合的と言えるのではないだろうか。

そしてこの視点は、顧みれば「鉄道が地域開発に果す先導的な役割はきわめて大きい」

として赤字の地方線を擁護した『日本列島改造論』とも共通している。ただ、その鉄道が国有鉄道か第三セクター鉄道か、が違うだけである。国鉄改革の過程で、特定地方交通線の指定をはじめ路線単体の収支を重視する傾向がしばらく続いたが、曲折を経て、結局は、半世紀前の同書の視点に戻っていたことになる。

民営化以降の新たなローカル線廃止例

国鉄再建法の適用を免れた赤字ローカル線

国鉄の分割・民営化から3年後の平成2年3月末限りで、京都・兵庫の両府県に跨る宮津線（西舞鶴～豊岡間）、兵庫県の鍛冶屋線（野村〔現・西脇市〕～鍛冶屋間）、そして出雲大社への参詣路線でもあった島根県の大社線（出雲市～大社間）の3路線が廃止された（宮津線は第三セクターの北近畿タンゴ鉄道〔現・京都丹後鉄道〕として存続）。これをもって、国鉄再建法に基づく赤字ローカル線の廃止事業は完了した。

昭和62年にＪＲ各社が発足した直後は、好景気の影響や、不採算路線が多い北海道、四国、九州のいわゆるＪＲ三島会社に交付された経営安定基金の運用利益によって、ＪＲ各社の経営は堅調に推移していた。ただ、特定地方交通線には指定されなかった地方ローカル線を引き継いだ各社は、経営体力があるうちに、ローカル線の運営体制を地域密着型に移行させ、それぞれの線区の特性に応じた機動的な経営企画を可能にして増収やコスト削減を図っていった。

延命した長大ローカル線の消滅

とはいえ、それによってＪＲに引き継がれた全ての地方ローカル線が活性化したわけではない。特に、実態としては国鉄再建法における特定地方交通線の廃止基準を満たしていたのに、一定の除外要件（１４３ページ参照）をクリアしたために廃止を免れた路線の多くは、線区と

JR宮津線（現・京都丹後鉄道）の運行最終日に配布された乗車記念証明書（著者所蔵）。全国の特定地方交通線の中で最後の第3セクター転換路線となった

しての深刻な赤字状態に大した変わりがないため、民間企業となったＪＲ各社にとっては営業継続に難色を示す存在となっていった。

その代表的な例を２つ挙げるとすれば、平成７（１９９５）年に廃止されたＪＲ北海道の深名《しんめい》線（深川～名寄間）と、平成30年に廃止されたＪＲ西日本の三江《さんこう》線（江津《ごうつ》～三次《みよし》間）であろうか。いずれも全長１００キロ以上の長大路線であり、しかも路線の一方が行止り式の盲腸線ではなく、両端で他の路線と接続しているため、活用次第では他路線の広域バイパスルートとしての役割も担うことができる路線だった。

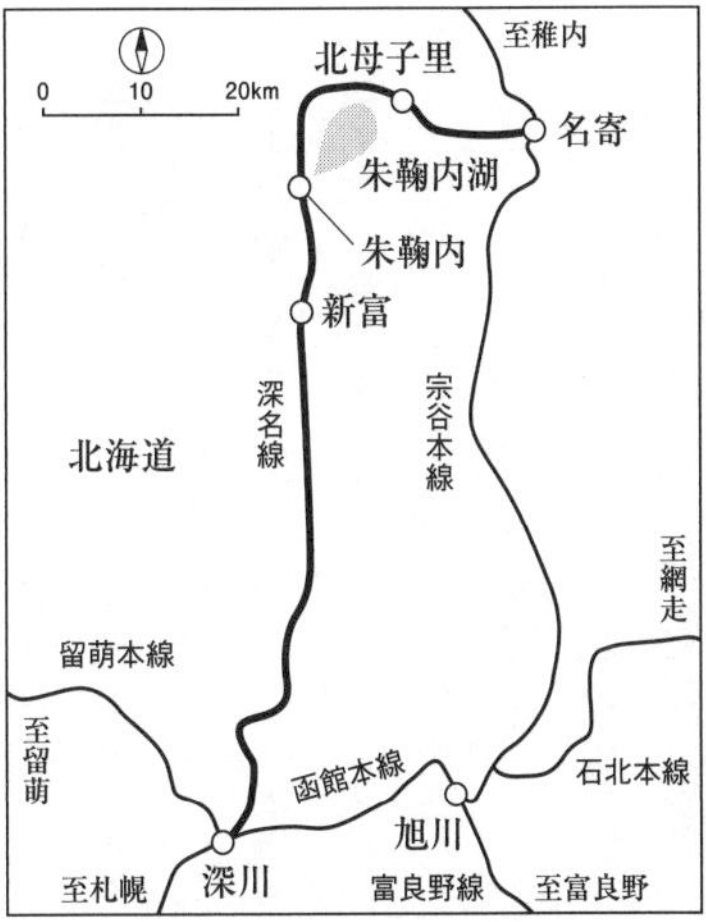

深名線路線図。列車の運行は朱鞠内を境に二分されていて、深川～名寄間をショートカットする機能はなかった

深名線は、北海道内でも有数の豪雪地帯を走る路線で、かつ昭和40年代以降は沿線の過疎化が進んでいた。昭和43（１９６８）年にはいわゆる「赤字83線」にリストアップされ、その後も国鉄赤字ローカル線の全国ワーストランキングの上位（ワーストだから下位

というべきか？）の常連路線だった。

だが、国鉄再建法の下で実施された全国の赤字ローカル線の廃止事業では、代替道路が未整備であるという理由で廃止対象から外れた。路線の北部に位置する朱鞠内《しゅまりない》湖周辺では、冬季も通行できる整備された並行道路がなく、代替バスを設定することが不可能だったのである。それほど人跡未踏の地域だったのだが、現実には、並行道路が未整備とされた朱鞠内～北母子里《きたもしり》間では集落自体が昭和40年代までにほぼ消滅しており、誰も乗降しないこの区間の駅は冬季には営業を休止して全列車が通過する取扱いが、国鉄からＪＲへと引き継がれていた。

ＪＲ北海道がこの超赤字路線の営業成績

豪雪の朱鞠内駅に到着した深名線ディーゼルカー（平成6年・著者撮影）

を本気で改善しようとしていたかどうかは、正直疑わしい。同社は発足以来、他のローカル線では合理化の一環としてワンマン運転を実施していたのに、深名線では最後まで全列車に車掌が乗務していた。乗客が多くてワンマン運転に適さないという理由ではなく、運転士が安全確認をするためのミラーをホームに設置したり、車内に運賃収受設備を設けたりといったワンマン運転用の投資すらしない、という意味である。それでいて、利用客が少ない途中の無人駅の廃止は積極的だった。平成2年には、列車で病院へ通う高齢者がいた途中駅（新富駅）が廃止され、事前に事態を把握せず廃止に同意した地元の役場が車を出して通院を補助することになった、という事態が起こっている（「深名線新富駅　ワシらの知らぬ間に駅がなくなった『利用皆無』ＪＲ　町役場うのみ」『北海道新聞』平成2年9月14日付朝刊）。

そういう路線だったから、「代替道路の未整備」という事情が解消されると、バスに転換されるのは自然な流れとなる。この場合、国鉄再建法の下での廃止であれば、地元自治体に国から転換交付金が補助され、バスに転換すれば5年間は国が赤字を補填したのだが、深名線は同法で延命したがゆえに、かえってこうした国の助成措置は一切受けられなかった。

ただ、特定地方交通線を転換した場合の代替バスは、国鉄やＪＲが自ら運行することは認められていなかったのだが、深名線の場合はそうした制約がなく、当初はＪＲ北海道が自ら代替バスを引き受けた。とはいえ、代替バスの運行も決して安泰ではなく、現在は地元のバス会社がＪＲから運行を委託されている状況である。

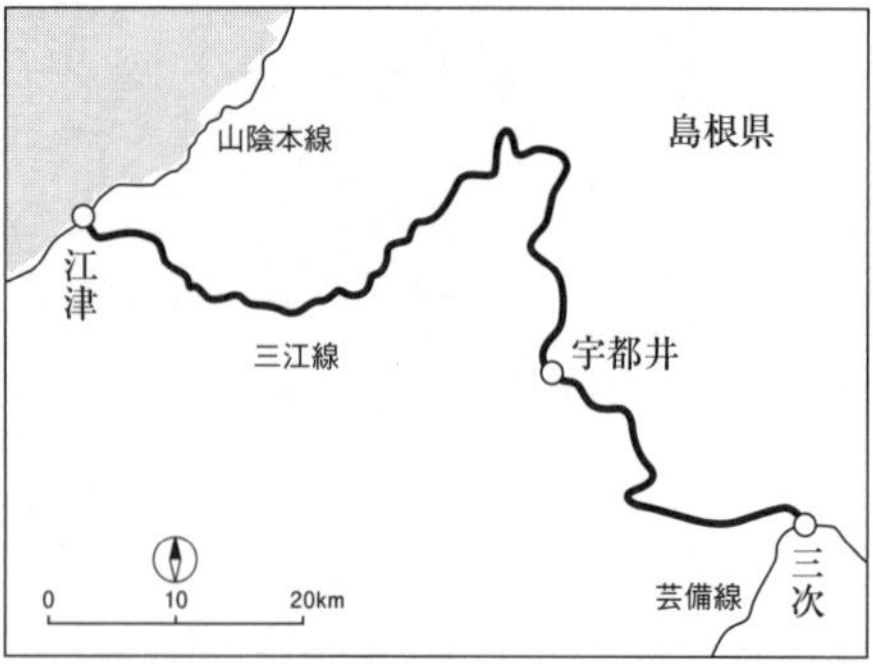

JR西日本・三江線路線図

島根県西部の江津と広島県北部の三次盆地とを結ぶ三江線は、昭和50（１９７５）年に全通した、全国のＪＲ在来線の中では比較的新しい路線である。『日本列島改造論』の刊行当時はまだ中間部分が工事中で、三江北線と三江南線に分かれていたが、その頃から営業成績は芳しくなく、赤字83線にも両線の名が含まれている。国鉄再建法による特定地方交通線の選定を免れたのは、深名線と同様、代替道路の未整備が理由とされている。

深名線と異なり、ワンマン運転による合理化をはじめ、三江線の存続に向けた一定の努力は積み重ね

「天空の駅」と呼ばれた三江線・宇都井駅（平成30年・撮影：白川淳）。高架ホームに上がるための昇降機設備はなく、116段の階段を上らなければならなかった

られてきた。平成24（２０１２）年には列車を補完する形でバスを増便して、利用者が増えるかどうかの増便実験が行われたこともある。

だが、三江線では国鉄時代から全線直通の急行列車や快速列車などは運行されず、運転本数の少ない普通列車ばかりだったためか、利用者は地元の短距離利用者が主体で「離れた拠点間を大量に輸送する」という鉄道の特性が発揮されない状況が定着していた。しかも、斜陽化しつつあった貨物列車は結局、全線開通から一度も走ることはなかった。結局、平成26（２０１４）年度の輸送密度が会社発足時の９分の１にあたる１日あたり

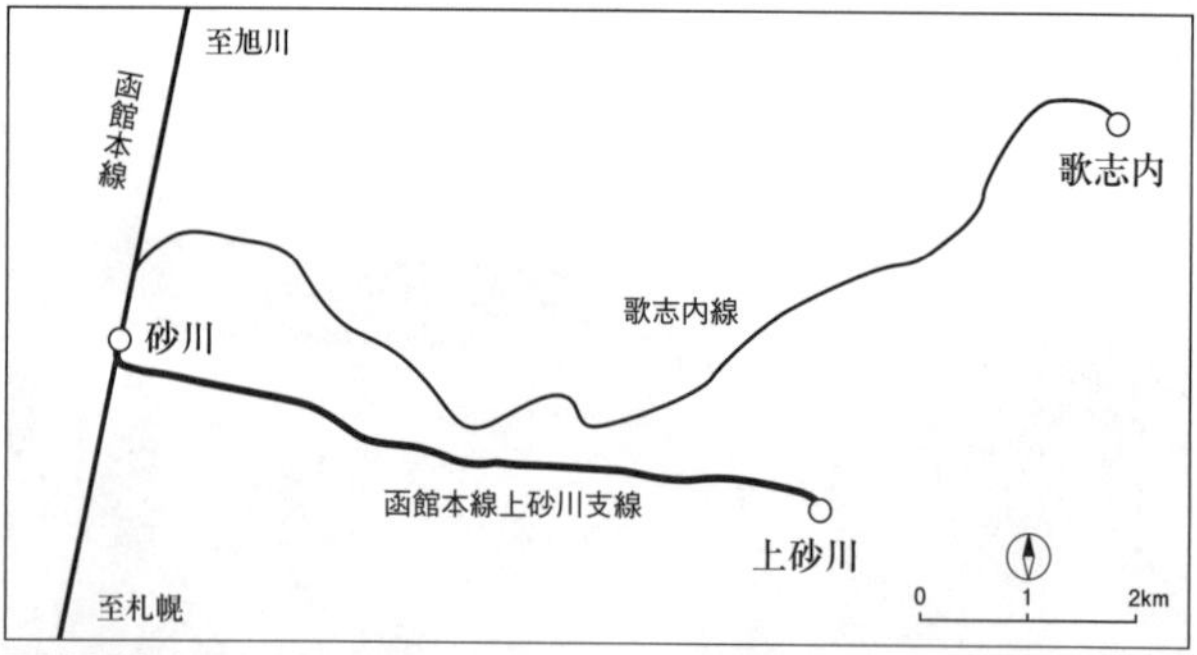

函館本線砂川駅から分岐していた2つの支線。歌志内線は特定地方交通線に指定されて昭和63年に廃止されたが、上砂川支線は函館本線の一部として幹線扱いされ、平成6年まで存続した

50人にまで落ち込んだ結果などを踏まえて、JR西日本は同線の廃止を選択。100キロを超えるJR路線の廃止は、本州では初めてのことであった。

線区名にとらわれない廃止形態の登場

国鉄再建法による赤字線の廃止は、あくまでも国鉄の線区ごとの輸送実績に基づいて判定された。それは、特定政治家による恣意的な政治判断の余地を排除するという意味では有効だったが、線区の実態は超赤字ローカル線なのに、路線名が幹線の一部に吸収されているために廃止を免れる例や、全線でみれば輸送実績が低いが特定の区間だけなら利用者が多い場合でも救済しない、という事態を生み出した。

前者の典型例とされるのが、北海道の函館本線砂川駅から分岐していた上砂川までの7・3キロの支線である。この路線は独立の線名を持たず、幹線である函館本線の一部とされていたため、この支線単独でいくら赤字になっても、本体の函館本線の営業成績が悪化しない限り廃線を免れる仕組みになっていた。当時、砂川駅からはこの支線と同じような形態の歌志内線というローカル線も分岐していたが、同線は特定地方交通線に指定されて昭和63（1988）年に廃止されたため、独立の線名を持たないがゆえに廃止を免れた同支線は、国鉄再建法の問題点を象徴するような存在であった。

当然ながら、これを引き継いだJR北海道は、形式的な路線名による区分よりも、営業成績の実態から存否を判断する。結局、上砂川までの支線は平成6（1994）年に廃止されている。幹線に所属する路線が廃止されるのは、国鉄再建法の下ではあり得ない措置であった。

線区の名称ではなく、区間にとらわれず営業成績の芳しくない一部区間のみの廃止という方策も採られるようになってきた。JR北海道の留萌本線留萌～増毛《ましけ》間（平成28年廃止）、同じく北海道の札沼線北海道医療大学～新十津川間（令和2年廃止）、JR西日本の可部《かべ》線可部～三段峡間（平成15年廃止）などがその例である。留萌～増毛間では、沿線にもともと地元のバスが走っていたこともあり、鉄道廃止による代替バスは設定されなかった。地元の増毛町がJR北海道の支援を受けて、バスがない早朝と夜間に限り同区間に完全予約制の乗合タクシーを委託運行するようになったが、事前予約が必須であるうえ、「利用者は増毛町民または増毛町への来訪者」に限られている。

鉄道事業における規制緩和策の一環として、平成12（2000）年に鉄道事業法が改正されると、鉄道事業へ新規に参入しやすくなったものの、同時に、それまでは許可制だった鉄道事業の廃止が原

石狩月形〜豊ケ岡間を走る札沼線ディーゼルカー（平成31年・著者撮影）。札幌近郊の区間は電化されていたが、令和2年の廃止区間は最後まで非電化のままだった

則として1年前までの事前届出制に変わり、鉄道事業からの撤退も容易になった。だが、JR以降の路線廃止の事案からは、国鉄再建法による赤字ローカル線の廃止よりも、地元自治体等による代替交通手段の確立のハードルは高くなっているように感じられる。赤字でも鉄道を維持すべきとした『日本列島改造論』が目指す交通社会とは、かなりの開きが生じていると言わざるを得ないだろう。

地元から積極的に廃止を提案するケースも

JRによる不採算路線の廃止が現実味を帯びてくると、先に路線の地元の方から積極的に廃止を提案する、というケースまで現れた。かつては炭鉱路線として活況を呈したJR北海道の石勝線新夕張～夕張間16・1キロ、通称夕張支線がその対象路線である。昭和56年までは夕張線という行止り式の路線だったが、道央と道東を結ぶ石勝線（千歳空港〔現・南千歳〕～新得間）が開通すると、夕張線は新夕張から分岐する同線の支線扱いとなった。独立の線名がないため、同区間だけの営業成績は算出されず、幹線の一部として国鉄再建法での廃止対象となり得なかったのは、函館本線砂川～上砂川間と同じである。

JRはそんな国鉄時代の旧法には縛られないから、不採算路線の判定は線名よりも実態を重視する。特に、厳しい経営環境の中にあったJR北海道は平成28（2016）年7月下旬、同年秋までに「JR単独では維持困難な線区」を公表し、地元自治体との協議に入りたい旨を表明した。すると、そのわずか10日後の同年8月上旬に夕張市長はJR北海道に対し、交通網の見直しへのJRの協力やJR所収施設の無償譲渡、JR社員の市への派遣を条件に、夕張支線の廃止を自ら提案したのである。これを受けてJR北海道は提案の9日後に、同支線の廃止を夕張市へ正式に申し入れた。

JR北海道が「JR単独では維持困難な線区」を具体的に公表する前に、その候補線区の沿線自治体が進んで廃止を受け入れ、その代わりにJRから代替交通整備の支援を得ようとしたこの提案は「攻めの廃線提案」と呼ばれ、不採算路線を抱える地方自治体の異例の姿勢として注目された。その後も夕張市とJR北海道が協議を重ねた末、JRからの支援策が確定し、平成31（2019）年3月限りで同支線は明治以来の127年の歴史に幕を下ろしている。

夕張支線のケースは、全区間が夕張市に属しており夕張市単独で判断しやすかったことに加え、札幌を中心とする北海道の交通体系事情に照らすと、夕張から札幌方面へ直行する直通バスに対して、市の南部にある新夕張で特急列車への乗換えを要する普通列車だけの夕張支線は競争相手にならないという実情も、この提案の背景にあった。同支線の輸送密度は、ＪＲ発足直後の１１２９人からこの提案直前の平成27（２０１５）年度は１１８

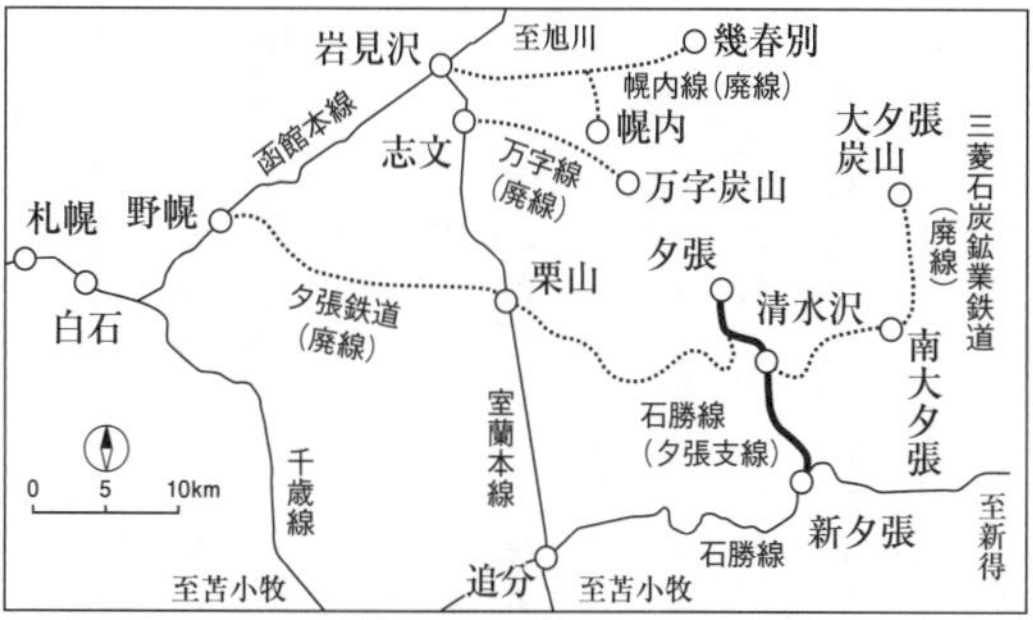

夕張支線とその周辺の鉄道路線図。夕張周辺の私鉄は全て廃止されており、夕張市の中心部と札幌方面とを結ぶ交通手段として夕張支線は不便だった

人と、約10分の1にまで激減していた。将来を見据えても、鉄道の役割は事実上終わっている。そこで、早晩ＪＲから廃止の提案を受けそうであれば、先に申し出て市内の交通体系整備のために有利な支援条件を引き出そうとした、というわけだ。平成19（２００７）年に市の財政が破綻して財政再建団体に指定されており、獲得可能性がある市外からの支援策の活用意欲がとりわけ強い、という夕張市ならではの事情も作用したかもしれない。いずれにせよ、「鉄道が地域開発に果す先導的な役割はきわめて大きい」と主張した『日本列島改造論』の時代では考えられない発想と言えよう。

このような「攻めの廃線提案」が長期的に見て

正解だったと言えるかどうかは、まだ判断に時間がかかる。国鉄再建法によって廃止された鉄道の代替バスの中には、20余年の歳月を経て結局バスも廃止になってしまうケースが見られる。夕張市はそういう先例も念頭に置いたうえで、既存のバスやタクシーも含めた市内の交通体系を総合的に整備しようとしている。

だが、そもそもバス業界は全国的に人員不足と高齢化が深刻で、地方では、近年は運転手が確保できないことを理由に減便を余儀なくされるバス会社もあるほどだ。夕張支線の代替バスの役割を担う地元バス会社・夕鉄バスは、バスの運行本数が鉄道廃止前の2倍になり、利用客も増えたが、廃線の約1年後（令和2年2月）の時点で同社の夕張営業所に所属するバス運転手12名の平均年齢は58歳。そのうち5名が65歳以上で5年以内に半数近くが退職する見込みだが、若い運転手はいないという（「路線バス　曲がり角の先は？③JRの代替　前提に疑問」『北海道新聞』令和2年2月17日付朝刊、石垣総静記者・五十嵐俊介記者）。人員不足になれば運行本数を維持することは難しくなる。無理に本数を維持することは運転手の労働強化に繋がり、離職を誘発しかねない。

夕張支線の列車の運転士はJR北海道という大きな鉄道会社の雇用下で乗務しており、北海道全域に配置されている同社の運転士全体が不足しない限り、夕張支線にも影響はなかったはずである。これに対して夕張のバス会社は、運転手を地元の力だけで養成し、雇用し続けなければならない。市内交通の仕組みをどんなに合理的に整えても、運転手が減ればバスは減便していかざるを得ない。今後、このバス会社がどのように運転手を安定的に確保していくのかが、後年において「攻めの廃線提案」の成否を評価する際の判断要素となるだろう。

中長期的な視点から赤字ローカル線を存続させる意義を強調した『日本列島改造論』の著者・田中角栄は、「北海道の鉄道はずっと赤字続きである。これからも長期間の赤字が見込まれる。おそらく、北海道の人口が一千万人を超えるまでは赤字だろう。だから北海道の鉄道は民営にはできない。北海道鉄道公社をつくるべきである」と語っていたという（前掲『早坂茂三の「田中角栄」回想録』）。他の地域では民営化に賛成しつつも、「国鉄の赤字分は税金で払えばよい」と鷹揚《おうよう》だった。そうまでしても国が鉄道を支えるべきとの『日本列島改造論』の本意は、国鉄再建法による廃止路線の代替バスの近況や近時のＪＲ廃線による代替交通機関の現況に鑑みたとき、傾聴すべき点を含んでいるように思われる。

被災路線のゆくえ

災害による不通で復旧を断念する廃線パターン

日々の列車運行を通じて赤字が累積し、企業努力を重ねても改善の見込みがない不採算路線や線区について鉄道会社が地元自治体に廃線を打診し、協議を重ねたうえで徐々に廃止の方向へ話を持っていく、というのが国鉄再建法による特定地方交通線やＪＲ化後の路線廃止に共通する手順であった。だが近年、大規模災害によって被災した路線がそのまま復旧を断念するという、鉄道路線の新たな廃止パターンが定着（？）しつつある。

市販の時刻表を開くと、「○○線○○～○○間は○年○月の災害による被害のため不通となっています」という注記が、巻頭の地図の欄外にあちこち掲げられている。かつてはこのような不通区間はできる限り短期間で復旧し、時刻表に不通情報が毎月掲載され続ける事態は稀だったのだが、今や全国に複数の災害不通路線があるのは当たり前のような状況になっている。

被災区間の営業再開に莫大な費用がかかるとして路線の復旧を断念するケースは、昭和以前の地方の中小私鉄に時折見られた。一方、戦後の国鉄では昭和42（１９６７）年に長崎県の柚木《ゆのき》線（左石～柚木間）３・９キロが水害で不通となったまま廃止されたくらいで、地域の重要な交通手段である以上、被災しても国有鉄道として可能な限り速やかに復旧するのが当然であった。

平成12年の鉄道事業法の改正（１７０ページ参照）によって鉄道事業の廃止が許可制から事前届出制に変わった後、自然災害によって運行不能になった路線を復旧せず、そのまま全線を廃止した初めての事例が、宮崎県の高千穂鉄道（延岡～高千穂間）50キロである。平成17（２００５）年９月に台風による大雨の影響で河川の橋梁や線路の路盤が流失し、あちこちの線路内に大量の土砂が流れ込むなどして全線運休を余儀なくされると、復旧費用を捻出できないため廃止を選択せざるを得なくなったのだ。特定地方交通線だった国

高千穂鉄道路線図

鉄高千穂線を引き受けた第三セクター鉄道に、新線を建設するかのような大規模な復旧工事費用を負担する経営体力があるはずもなかった。廃線後は会社自体も解散してしまっている。

地方の中小私鉄に比べれば遥かに経営体力に余裕があるはずのＪＲでも、岩手県の三陸地方を走るＪＲ東日本の岩泉線（茂市〜岩泉間）38・4キロが、平成22（２０１０）年7月に大雨による土砂崩れで不通になると、3年以上復旧されることなく、平成26（２０１４）年に廃止された。同線は高千穂鉄道と同様、岩泉線も国鉄時代に国鉄再建法による廃止基準を満たしていたのだが、代替道路が未整備であるとして特定地方交通線に指定されずＪＲに引き継がれた経緯がある。つまり、営業成績の数値だけ見れば本来は国鉄時代に廃止されていた閑散路線であり、運休前年の平成21（２００９）年度の輸送密度（１４３ページ参照。ＪＲ東日本は「平均通過人員」と称する）はわずか46人とＪＲグループ全体で最も少ない状態だった。同年度の同線の営業収入が1年間でわずか８００万円だったのに対し、経費は2億６５００万円もかかっていたのだ。

岩泉線の廃止は、ＪＲ東日本にとっては会社発足初期の特定地方交通線の第三セクター転換や北陸新幹線開業に伴う信越本線横川〜軽井沢間の廃止（１１５〜１１８ページ参照）

岩泉線路線図。当初は三陸海岸沿いの小本まで延伸計画があった

を除き、会社発足以来初めての全線廃止の事案となった。平成14（2002）年に全株式が民間に売却されて完全民営化を実現していた同社にしてみれば、いくら公共交通機関としての使命を担っているとはいえ、1年間に800万円の収入を得るために2億6500万円の経費を要する不採算路線に巨額の費用をかけて復旧し、その後も老朽化した路線の安全対策を継続していくことは、株主の理解を得ることも困難だろうと察せられる。最終的には地元自治体もこの判断を受け入れて、国鉄時代よりも整備された並行道路を走る代替バスに切り替えられている。

東日本大震災で被災した路線の存廃

岩泉線のケースは、被災前の利用者数があまりにも少なすぎて、最終的に廃止の結論に至るのもやむを得ない、という環境が揃っていたと見ることもできる。だが、国鉄から引き継いだ特定地方交通線以外の路線は、新幹線の並行在来線を経営分離するような国政レベルでの合意に基づく事情がない限り、幹線、地方交通線を問わず運行を続けてきたJRが、災害が契機とはいえ初めて自社路線をバス転換した事実は、今振り返ると、その後の被災路線の動向にとって「自社での鉄道輸送の継続にこだわらない」という意味での新たな先例となった感は否めない。

平成23(2011)年3月に発生した東日本大震災では、岩手県の三陸地方から福島県の太平洋側に至るまで、海岸線付近を走る鉄道路線が軒並み甚大な被害を受けた。このうち、上野から仙台までの幹線機能を持つ常磐線は、福島第一原子力発電所の事故によって広範囲に及ぶ放射能汚染地域が発生し、民間人の立入りが制限される特殊な事情も重なったが、震災から9年かけて不通区間を全て解消した。現在では震災前と同じように、特急「ひたち」が東京都区内から仙台まで直通している。

これに対し、三陸沿岸で被災した気仙沼線は柳津～気仙沼間を、気仙沼で同線と接続する大船渡線は気仙沼～盛間について、JR東日本は不通区間の線路敷をバス専用道路として活用し、BRT(バス・ラピッド・トランジット)と呼ばれるバス高速輸送システムに

気仙沼を出発するBRTの車両。鉄道の線路敷や駅ホームを転用している

切り替えた。専用道は一般の自動車が通行できないことから、鉄道に準じた運行の定時性を確保しやすい。当初は仮復旧という位置づけだったが、仮復旧後にBRT方式を本復旧とすることに地元自治体が同意したことから、令和2（2020）年に鉄道事業として正式に廃止されている。

この結果、第三セクターの三陸鉄道との接続によって青森県から宮城県まで太平洋沿いに繋がっていた鉄道は、気仙沼線・大船渡線の柳津～盛間で断絶されることになった（気仙沼からは大船渡線の既存区間が東北本線の一ノ関まで運行している）。残存区間ではJR山田線の宮古～釜石間もBRT化が検討されていたが、こちらは両端の宮古と釜石で接続する三陸鉄道へ移管され、平成31年3月に鉄道として8年ぶりに復旧している。

このように常磐線と三陸沿岸各線とで復旧態様に差が生じたのは、結局のところ、「上場会社として当該区間を鉄道によって事業継続することが適切かどうか、の判断の差」によるものと要約できる。常磐線は内陸部を走る東北本線と並び、関東地方と東北地方を結ぶ重要な幹線である。勾配区間が多い東北本線よりも海岸沿いで平坦な常磐線の方が高速運転には適していることから、東北新幹線開業前は常磐線経由で東北方面へ直通する上野発の特急・急行列車が多数設定されていた。仙台以北へ直行する貨物列車は震災前まで健在だった。そういう路線を、原発事故で地域住民が激減したとはいえ、鉄道以外の交通手段で復活させて地域外との直通機能を失わせることは経営上あり得ない。

そういうふうに書くと、JR自身による鉄道復旧を選択しなかったBRT区間や三陸鉄道への移管区間は、要するにもうからないから見放したのか、と見られかねないが、本当に採算面のみが経営判断の基準であるならば、岩泉線のように地元のバスに転換させて手を引く選択肢もあり得たはずである。だが、気仙沼線や大船渡線はJR自らBRTという新しい交通システムを提案し、引き続き自ら運営する道を選んだ。山田線の宮古〜釜石間は、三陸鉄道への移管にあたり、JR東日本が鉄道施設の復旧費や協力金など約200億円を負担している。

鉄道会社のＣＳＲの萌芽

　これらの方策に見られるのはＣＳＲ（コーポレート・ソーシャル・レスポンシビリティ）、いわゆる「企業の社会的責任」という考え方だ。企業が環境や社会の課題を自社の経営に組み込み、自社の利害関係者（ステークホルダー）に対してその解決に関する社会的な責任を負うべきとする考え方で、企業イメージをアップさせるための副次的な慈善事業などとは異なる。

　営業成績が良好とは言い難い地方ローカル線を、ＢＲＴ化で大幅に経費削減したとはいえ存続させた選択は、世界有数の事業規模を誇る鉄道会社に成長したＪＲ東日本による、「地域輸送を担う社会的責任を引き続き全うする」というＣＳＲの考え方以外では説明しにくい。三陸鉄道への移管区間にしても、鉄道施設や土地を関係自治体へ無償譲渡するだけでなく、巨額の復旧費用まで負担した行為は、まるで国鉄再建法に基づく第三セクター鉄道への転換時に転換交付金を出した国の事業を彷彿とさせる。

　ＣＳＲは欧米から世界へ広がり始めた考え方で、日本では昭和48年に経団連（日本経済団体連合会）が総会決議で初めてこの考え方を取り上げたが、日本企業の間で広く認識されるようになったのは21世紀に入って以降と言われている。それはＣＳＲという言葉の認知度の問題であって、日本にも企業の利益至上主義を戒める考え方は古くからあったという見解もあるが、少なくとも『日本列島改造論』に鉄道会社のＣＳＲという概念は記されていない。

ただ、「私企業と同じ物差しで国鉄の赤字を論じ、再建を語るべきではない」という『日本列島改造論』の赤字ローカル線擁護論は、現代の鉄道会社が不採算路線の代替輸送を自ら引き受け、あるいは他社へ引き渡す路線を手厚い資金援助によって支えようとする姿勢をＣＳＲの発露と捉えたとき、一定の共通点を見出すことができる。著者の田中は、赤字路線は国鉄によって保護すべきとしつつ、国鉄を民営化して鉄道事業以外の多角経営を認めることで増収を図ることは是認していた（１４４ページ参照）。そうして増えた収入を赤字路線を守る原資として活用する意図があったのであれば、それは国鉄が果たすべきＣＳＲだったことになる。

ＢＲＴの場合は既存の鉄道路線との連続性が失われてしまうが、第三セクター鉄道への移管であれば広域交通ネットワークとしての鉄道の一体性も、かろうじて維持される（ただ、その意味では、大船渡線気仙沼～盛間はＢＲＴではなく、ＪＲあるいは三陸鉄道によって鉄道として復旧させてほしかったと思う）。このように解するならば、田中が思い描いていた国家単位での鉄道事業の運営方針は、少なくとも東日本大震災の被災路線に対しては、国鉄の後継会社によって一定範囲で実現できていることになるのではないだろうか。

長期運休から復旧するローカル線の例

大規模災害によって長期運休を余儀なくされているＪＲ線は、現在も北海道や九州に見られる。ＪＲ北海道・根室本線の東鹿越～新得間41・５キロは、平成28年８月の台風による大雨で橋梁が損傷したり路線内に土砂が流入するなどして以来、５年以上も運休したままになっている。令和４（２０２２）年１月には、運休区間の地元自治体が同区間の復旧を断念したと報道された。

ＪＲ九州では、平成29（２０１７）年７月の豪雨で日田《ひた》彦山《ひこさん》線の添田～夜明間、令和２年７月の豪雨で肥薩線八代～吉松間が、令和４年５月時点でいずれも運休が続いている。このうち日田彦山線の不通区間は令和５（２０２３）年度にＢＲＴでの運行を再開するため、工事が続けられている。肥薩線は球磨川を渡る２つの鉄橋が流失するなど被害規模が大きく、復旧には235億円かかると試算されている。被災前は観光路線として注目を集めていた路線だが、鉄道として復旧するかどうかは未知数と言うほかない。

だが、JRの地方ローカル線がひとたび大規模災害で長期にわたり運休すると、常にJR線としての再起の可能性が事実上断たれるというわけでもない。

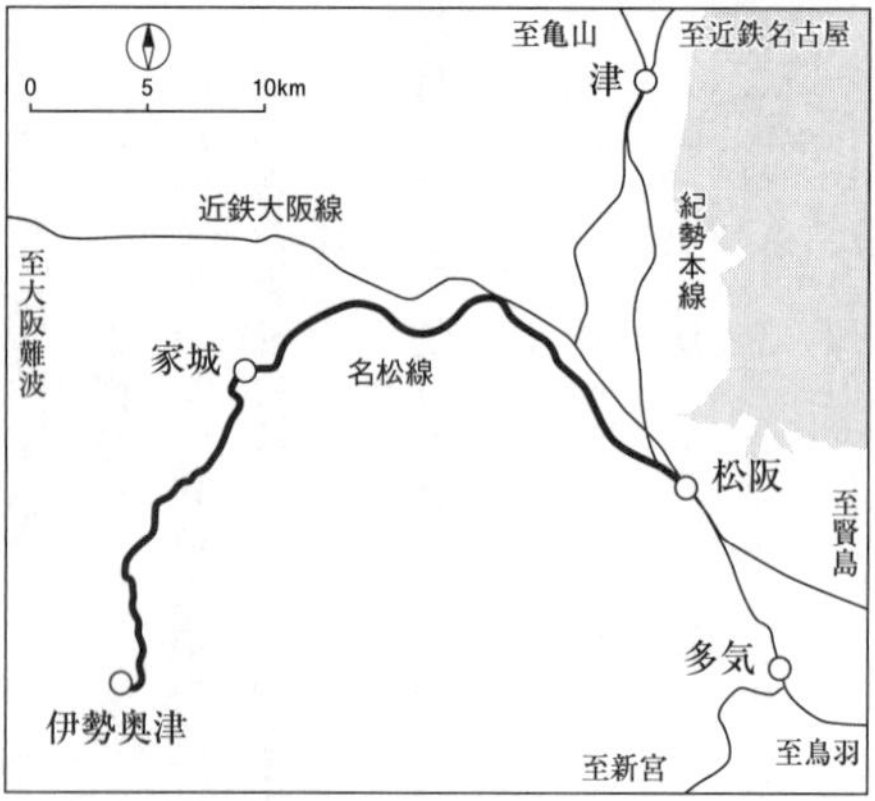

JR東海・名松線路線図

三重県を走る名松線（松阪～伊《い》勢《せ》奥《おき》津《つ》間）は、国鉄時代に特定地方交通線の基準を満たしていながら、代替道路の未整備を理由に、岩泉線とともに廃止対象から除外された赤字ローカル線である。岩泉線の廃止後は、全国でJRが運営する唯一の元・特定地方交通線となっている。

この路線のおよそ半分の距離にあたる家城《いえき》～伊勢奥津間17・7キロが、平成21年10月の台風で不通になると、JR東海は今後もバスでの運行を継続し、鉄道は廃止する意向を示した。過去のローカル線存廃問題の例に照らせば、事業者がいったんそのような意向を正式に示した場合、別会社が運営を引き受けない限り、時間はかかっても結局廃線に至るのが一般的であった。

だが、沿線の治山・治水事業を将来にわたって三重県や津市が維持・管理を担うことを条件に、ＪＲ東海が廃止の意向を翻して不通区間を復旧。平成28年3月、およそ6年半ぶりに名松線は全線での運行を再開したのである。同じく元・特定地方交通線だった岩泉線がこの運休期間中に被災、廃線に至ったのとは対照的な復活劇であった。

新潟県と福島県を結ぶＪＲ東日本の只見線（１３５～１３７ページ参照）は、平成23年7月の豪雨災害によって、会津川口～只見間27・6キロが実に10年以上も不通のままとなっている。この路線も冬季の道路事情ゆえに特定地方交通線の指定を免れたのであって、民営化以降は利用者がさらに減り続けた。当該区間の輸送密度は不通前年の平成22年度が49人。岩泉線の運休前年の46人に匹敵する少なさだ。

ただ、只見線のケースでは、ＪＲ東日本はバス転換案だけでなく、いわゆる上下分離方式（１０２ページ参照）による鉄道復旧案も提示した。不通区間の土地や鉄道施設は福島県が保有し、ＪＲは列車を運行して線路使用料を支払う仕組みである。

会津桧原～会津西方間の第1只見川橋梁を渡る只見線列車。沿線随一の絶景ポイントとして知られる

積み重ねられた協議の末、福島県はこの上下分離方式による鉄道復旧を選択。復旧費用約81億円の3分の2にあたる54億円を県と福島県側の沿線市町村が負担して、只見線を10数年ぶりに復旧させる道を選んだ。すでに工事が進められており、令和4年10月に列車の運行が再開される見込みとなっている。

ローカル線を公共の社会資本と捉える見方

大赤字の超閑散線区を県ぐるみでこれからも支えていこうとする福島県の判断が正しいかどうかは、まだわからない。福島県の只見線復旧事業に対する平成31年度の包括外部監査報告書は、「(同区間を復旧しても）特に経済的効果が見込まれるものでもない」としたうえで、「只見線全線復旧という精神的価値に54億円を費やし、年間2・1億円の運営費を毎年負担するよりは、会津川口駅～只見駅間はバス代行輸送にした方が、現実的対応だったと思う。（中略）只見線が1本に繋がってこそ意味があり、機能を発揮すると考えるのは共同幻想にすぎない」と辛辣な表現で復旧策を疑問視している（令和2年5月29日付『平成31年度包括外部監査報告書復興事業に係る事務の執行について』福島県ホームページ）。

批判や赤字覚悟での鉄道復旧の意義を、福島県の担当者は「只見線は地方創生のシンボルで存在自体が財産」と説明しているという（「JR35年　赤字ローカル線『誰が負担』㊤乗客減にコロナ追い打ち、存廃岐路」『産経新聞』令和4年3月29日付）。この記事は、山田線宮古～釜石間を上下分離方式で引き継いだ三陸鉄道が、BRTではなく鉄道での復旧を選んだ意義について、「観光客などが全国から乗り継いでくることができる」という長距離移動手段としての優位性に着目していること、そして「バスとタクシーだけのこぢんまりとした街になれば、さらに人は来なくなり、企業もいなくなる。一体的に考えないと地方が消滅する」と考えていることも紹介している。

名松線、只見線、それに三陸鉄道のいずれのケースでも、「鉄道の存在そのものに経費の額面に表れない無形の価値があり、それを地域全体で支えることは公共の利益に資する」という理念が、沿線及び都道府県レベルの広域地方自治体で共有されている。その理念を具現化する方策として、只見線や三陸鉄道が選択した上下分離方式が整備新幹線以外の鉄道でも定着していくことになれば、将来、他の地域を走るローカル線のあり方にも波及していく可能性がある。

複合的な交通ネットワークの整備という観点から考えてみると、道路は国道、県道のように、公的な社会資本として位置づけられている。それが問題ないのであれば、同じ社会資本である鉄道の線路や関連施設について、公共機関や団体の保有とすることを忌避する理由はない。現在、かつての国有財産である線路等がＪＲという民間会社の所有となっているのは、さまざまな問題点を一挙に解決しようとした国鉄改革の落としどころの一つに過ぎない。線路等のインフラを地方自治体が保有することで、採算面だけを見ていては存続が難しいローカル鉄道を公的に支えるスタイルは、むしろ地方分権の時代にふさわしいとも言える。

そう考えると、国鉄改革の過程で基本的には否定されてきた『日本列島改造論』の赤字ローカル線擁護論が、擁護の主体が国から地方へ移ることによって、かつての国有鉄道であるＪＲの路線で実験的に復活しつつあることになる。その実験の舞台となる区間が、田中角栄を生んだ新潟県との県境に隣接し、一度は豪雪地帯を走っていることを理由に国鉄再建法下での廃止を免れた只見線に属しているのは、何とも皮肉な偶然である。

第四章

『日本列島改造論』が遺したもの

新幹線と航空路線の対等的競争関係が常態化

『日本列島改造論』は、新幹線ネットワークの拡充と赤字ローカル線の再評価によって、総じて日本全国の鉄道網を拡大していくことを提唱した。それは、地域格差の是正のために鉄道が重要な役割を果たす、と考えてのことであった。そして、同書刊行直後に発足した田中角栄内閣は、その内容の実現に向けた鉄道政策を推し進めた。

同書が語る鉄道政策のうち、高速鉄道ネットワークの拡充については、田中内閣が全幹法に基づいて指定した5つの整備新幹線のうち半分以上がすでに開業しており、残りの路線も、地域ごとに課題はあるものの大勢としては実現に向けて具体的な動きが進んでいる。50年もかかってはいるが、新幹線ができた地域において、地域外との交通連絡スタイルが大きく変わったのはどの沿線でも同じである。

ただ、新たに新幹線が開業した地域の大半で、新幹線がいきなり唯一の高速交通機関としての地位を確立したわけではない。新幹線が淘汰したのは在来線の夜行列車くらいで、廉価な夜行バスは多くの地域で健在だし、東北・上越新幹線の開業時と異なり航空便が路線ごと撤退するような動きも見られず、高速交通手段としては航空便との対等的な競争関係が生じている。

平成の始め頃までは、飛行機は確かに速いが値段も高いため、いわば〟特別な乗り物〟だった。「小学生までは運賃半額」という鉄道のような料金体系もないため、家族連れで利用するハードルは今より高かった。だから、帰省する一家が利用する公共交通機関は鉄道が中心で、新幹線で到達できない全国各地へは夜行列車が頻発し、どの列車も賑わっていた。

それが、平成4（1992）年の「のぞみ」登場に象徴される新幹線のスピードアップと、航空運賃が規制緩和の影響などから総じて安くなり価格面で対等な競争が成立するようになったという2点の相乗効果によって、新幹線と飛行機のそれぞれの特性が互いに接近し、競合区間では所要時間と料金を比較して選択しやすい環境になった。新幹線のスピードアップはともかく、割引運賃次第で飛行機が新幹線より安くなる状況は、『日本列島改造論』当時はもとより、昭和末期でも想像しにくかったと思われる。

飛行機が以前より身近な乗り物になると、航空便で実施されているサービスも鉄道利用者にとって比較対象となり、交通機関を選択する際の判断材料にされやすくなる。

たとえば、飛行機は今やチケットレスが常識で、インターネットやスマートフォンで予約を完了してクレジットカード払いにすればそのまま空港で搭乗できるのに、新幹線をはじめ鉄道の大半は事前に紙のチケットを入手しなければならず、その分旅客の手間がかかっている。

事前予約の開始期間もJRは1カ月前からだが、国内線の飛行機は半年ごとに一斉に予約可能となる。宿泊施設もたいていはいつでも予約できるので、年末年始に国内旅行しようとする場合、夏休み中に飛行機を早々に抑えて宿泊施設も確保したのに、鉄道だけが11月末まで予約できないことになる。これでは万が一列車の予約が希望通りに取れないと困るので、最初から鉄道をなるべく使わないように旅行日程を組もうとする旅行者が出てしまう。

こうしたことは、鉄道会社にもさまざまな事情や言い分があるだろう。だが、旅客はそうした言い分を気にせずに交通機関を選ぶ。新幹線と飛行機が対等的な競争関係に立つようになったことで、スピードや料金はもとより、それ以外のサービス面も旅客が対比的に見る時代になっていると言える。

さらに、当面はコロナ禍で停滞しているとはいえ、外国人旅行者が増えれば、羽田や関空など日本の代表的な国際空港と地方空港との航空便は、当該地方の国際化を図るうえで独自の存在意義がある。新幹線は駅が市中にあって乗車のための準備時間が短い点、及び在来線と接続する点で利便性が高い乗り物だが、外国人観光客やビジネス客にとっては、日本に到着する空港で地方行きの国内線に直接乗り換えられる方が便利だからだ。当然、地方都市の居住者が海外へアクセスする場合も事情は同じである。

このように、アメリカや中国のような広大な大陸を持たない日本の国土の規模で鉄道と飛行機が競合する範囲に関する限り、どんなに新幹線がスピードアップしても、航空便が完全に撤退するケースは今後、想定しにくい。民間会社であるJRが新幹線の運営を担うのであれば、安定多数の利用客が見込まれる高収益路線になることが望ましいのは言うまでもないが、そのためには航空路線とどのような競合関係を築くかが、今後の新幹線ネットワークの拡大にとっていっそう重要になると考えられる。

東京や大阪に無関係な新幹線の可能性

田中内閣が指定した5つの整備新幹線は、いずれも東京または大阪との直通運転を想定した路線と言える。すでに開業している北陸新幹線と九州新幹線は、いずれも東京または新大阪との直通運転が実施されている。札幌へ延伸する北海道新幹線は、東京〜札幌間の所要時間をいかに短縮するか、が注目されている。

それらの高速直通運転に大きな地域振興効果があることは間違いない。だが、『日本列島改造論』が掲げた「過密と過疎の同時解決」という目標に関しては、実際には東京への一極集中が強化されたという分析結果も存在する。東海道新幹線の開通によって、大阪に本社機能を置いていた企業が東京本社にその機能を一本化する動きが起こり、そのことを東京周辺の人口増加率が高くなったデータをもとに指摘したのは、自ら東海道新幹線の建設に携わった国鉄OBの経済学博士である（角本良平『新幹線　軌跡と展望　政策・経済性から検証』交通新聞社、平成11年）。

また、『日本列島改造論』は、新幹線ネットワークを地方へ拡大していく方策として、「長期かつ総合的な計画にもとづいて社会資本を先行的に整備することがなによりも重要である」と説いていた。社会資本、つまりインフラを先行して整備すべきとの考えから、まず新幹線を地方へ拡げていこうとしたのだが、「高次中枢管理機能を東京に一点集中させたまま、ハードインフラの整備を先行した結果、狙いとした地方分散も職住近接の社会も実現せず、逆にストロー効果が働き、地方で稼いだ果実が瞬時に東京に吸い寄せられる構造となりました」（佐々木信夫『この国のたたみ方』新潮新書、令和元年）との見方は、そのような社会資本の先行整備に対する批判となっている。

開業済みの新幹線網を見ると、これらの見解に頷ける。特に、現在の東日本の新幹線は、全て東京との往復ルートで成り立っていて、それぞれのルート上、もしくは終着都市の相互間ルートが存在しない。

特に、田中角栄がしきりに「表日本」との差を気にした「裏日本」、すなわち日本海側の各都市間は、新幹線の開業によってかえって相互連絡の不便さが目立っている。たとえば、新潟と富山の間では、北陸新幹線の開業によって直通特急がなくなってしまった。逆に新潟から北上して秋田まで至る羽越本線には、令和4（2022）年3月のダイヤ改正時点で特急「いなほ」が1日3往復走っているものの、利用時間帯によっては、新潟からいったん上越新幹線で大宮まで南下し、東北・秋田新幹線に乗り換えたほうが早く着くケースがある。

新幹線自体がない山陰地方を見れば、鳥取から福井や石川など北陸方面へ行くには、鉄道だと最短距離は日本海沿いに山陰本線、舞鶴線、小浜線、北陸本線を辿るルートだが、小浜線は特急も急行も走らないローカル線である。鉄道で行こうとするなら、大阪で在来線特急を乗り継ぐしかないが、これまた時間帯によっては鳥取空港からいったん羽田へ飛んで、小松空港行きの便に乗り換える方が速く着く。いずれにせよ、大阪か東京を経由しないと山陰から北陸へ機動的に移動できないというのは、交通ネットワークとして歪《いびつ》である。

新幹線が一極集中をもたらしたという確たるデータがあったとしても、「だから新幹線にはメリットはない。もういらない」というわけにはならないだろう。とすれば、新幹線のネットワークを東京や大阪など大都市を中心として放射状に拡げていくのではなく、それ以外の地方都市相互間に拡げていくことによって、新幹線の恩恵を受けられる範囲を拡げていくしかない。東京や大阪への直通ルートの建設に注力した段階は、5つの整備新幹線をもって卒業し、次の段階となる基本計画線の整備にあたっては、東京や大阪と関わりが薄いルートを意図的に優先すべきことを、『日本列島改造論』の実践結果は示しているとも言えるだろう。

鉄道の公共性に対する議論は再び軌道修正

もっとも、完全民営化を果たしたJRがそうした地方都市相互間の新幹線の運営を引き受けるかどうか、は別の問題として捉えなければならない。現在の日本の鉄道法制上、採算性が不透明な新幹線の運営をJRが引き受ける義務はない。

それに、幹線でない並行在来線をJRから切り離した場合に、これまでの整備新幹線と同じように第三セクター方式で地元が維持し続けられる保証はない。現に、令和12（2030）年度末の札幌開業を目指して建設中の北海道新幹線では、並行在来線のうち、本線を名乗るものの実態はローカル線そのものの函館本線長万部～小樽間（いわゆる〝山線〟）については、第三セクター方式での鉄道維持も地元が負担しきれないとして、新幹線の開業に伴い廃止される方向で話が進められている。

函館本線の山線ルートを廃止してよいかどうかは、災害時の代替ルート確保の観点から議論されることが多い。現在は貨物列車も特急列車も通らないローカル線だが、平成12（2000）年に有珠山が噴火し、〝海線〟と呼ばれる長万部から室蘭本線・千歳線を経由して札幌へ至るコースが運休になった際には、札幌方面への貨物列車や当時健在だった寝台特急が山線を代替ルートとして走った実績がある。今後も、いざというときのために山線を残しておくべきではないか、というわけだ。

この点についてJR貨物は、有珠山噴火時に山線で貨物列車を牽引した国鉄製の旧型ディーゼル機関車はすでになく、大型化した現在の機関車は古びた施設の山線を走行することが困難である、として否定的な見方を示している。災害時に貨物列車を走らせるためには、ふだんからそれに備えた路線の整備が必要だが、JR北海道やJR貨物にそのための新たな投資をする余裕はないし、地元自治体が支える第三セクター鉄道であればなおさらだろう。

こうした議論は、東日本大震災やその後の各地の大災害のたびに沸き起こる。震災で東北本線や常磐線が不通となった際には、南東北への石油輸送のため、磐越西線（郡山〜新津間）に臨時の貨物列車が走った。平成30（2018）年夏の西日本豪雨で山陽本線が寸断されたときは、関西方面と九州地区を結ぶ貨物列車が山陰本線を迂回している。いずれも、ふだんは貨物列車が走っていない区間を活用したという点で、有珠山の噴火時と共通する。

沿線住民の日常生活を支える交通機関としての社会的責任を担っているとしても、CSR（183ページ参照）の理念のみを根拠に、滅多に発生しない大規模災害時に備えてふだんは使用しない重厚な設備をローカル線で管理しておくことを、民営化されたJRに義務づけることは難しい。鉄道を平時のビジネス感覚でのみ捉えるのではなく、非常時にも機能させるべき公共の社会資本と考えるならば、財政面も含めた公的機関の関与や制度の充実は不可欠である。

昭和後期から平成にかけては、赤字や労働運動のイメージが強い末期の国鉄の姿と、発足直後のＪＲの好調ぶりとが相まって、鉄道の民営化に対する国民の好感度が総じて高く、「鉄道を民間事業にするのは良いことだ」という認識が平成の30余年間で概ね定着してきたと言える。だが、不採算路線の存廃問題や大規模災害の被災路線の復旧という問題が現実化する過程で、民営化が万能の理論ではなく、やはり一定程度の公共の関与や支援がなければ地方交通や広域ネットワークの永続的な維持は難しいケースもあるのだ、という方向へ、日本社会全体が再び軌道修正しているように見受けられる。

その意味で、「私企業と同じ物差しで国鉄を論じるべきでない」とする半世紀前の『日本列島改造論』の理念は、現代においても決して古いものではない。その理念の上に立って、これから具体的にどのような形で鉄道というインフラを社会全体が支えていくべきか、第三セクター式鉄道や上下分離方式の導入、あるいは大規模災害時の復旧補助法制の整備や鉄道貨物輸送に対する財政支援策などを通じて、今まさに日本社会全体が試行錯誤している時期なのかもしれない。

日本全国の鉄道網を俯瞰する視点を保てるか

全国一元経営の国鉄は分割され、それぞれの地域の特性に応じた鉄道事業を展開するようになったが、国内の新幹線網を基礎づける全幹法が有効に施行され続けている限り、高速鉄道網の整備は全国を見渡した国策として生きている。全幹法に基づく基本計画線がすでに明示されているのに、それを無視して別ルートの新幹線を建設することはあり得ない。原敬が大正時代の鉄道敷設法の改正法別表を駆使して、自身の没後も昭和62（1987）年まで日本の鉄道政策に影響を及ぼし続けたように、『日本列島改造論』とそれに基づく田中内閣の施策として半世紀前に指定された整備新幹線と基本計画線の構想は、基本計画線の最後の一線が実現するまで、引き続き日本の高速鉄道政策の基盤を成し続けることになる。

一方で、『日本列島改造論』の刊行時には存在した鉄道敷設法の改正法別表が廃止された今、日本国内で地方ローカル線を建設するための根拠法はなく、中央政府として採算が見込めないローカル線を新たに建設することは、もうないだろう。民間企業である鉄道会社がそのような路線を新たに建設することも考えにくい。

鉄道事業を一から十まで民間企業の自由な判断に委ねてよいか、という問いに対して、日本社会の認識はこの半世紀の間に揺れ動いた。『日本列島改造論』は鉄道事業への公的な関与の意義を強調し、その後は日本全体が民営化へシフトしたり、規制緩和の流れの中で鉄道事業に対する国の統制が弱まったりした。そして今また、一定限度の公的関与の必要性を認める方向への揺り戻しが起きている。

その公的な関与をどこまで認めるべきかは、地域の事情により、また時代によっても異なっていて、客観的な正解はおそらく存在しない。ただ、東京への一極集中の解消、非常時の代替路線の確保、大規模災害時の被災路線の復旧支援といった目的を達するためには、地方自治体レベルではなく、中央政府として日本全国の鉄道網、道路網、そして航空網を含めた総合的な交通ネットワーク全体を俯瞰する視点が欠かせない。

そうした視点で下された政治的決定や時の政権によって制定された法令は、その是非は後年の評価に委ねられるとしても、50年、１００年にわたり日本の交通政策全体を基礎づけることは間違いない。新幹線の建設計画にしても地方路線の維持策にしても、『日本列島改造論』という半世紀も前の政策提案書に示されている理念が、短期間であったとはいえその著者を首相とする内閣によって実際の政治に取り込まれ、今なお日本の鉄道政策に影響を及ぼし続けているのが、その何よりの証拠である。

主要参考文献一覧（刊行年順）

※定期刊行物は省略（本文中に引用したものを参照）。

田中角栄『私の履歴書』（日本経済新聞社、昭和41年）

自由民主党都市政策調査会（編）『都市政策大綱』自由民主党広報委員会出版局、昭和43年）

日本国有鉄道（編）『日本国有鉄道百年史 第7巻』（日本国有鉄道、昭和46年）

日本国有鉄道（編）『日本国有鉄道百年史 第5巻』（日本国有鉄道、昭和47年）

田中角栄『日本列島改造論』（日刊工業新聞社、昭和47年）

読売新聞社（編）『日本列島改造論批判―わが党は提言する―』（読売新聞社、昭和47年）

山本雄二郎（編）『日本列島改造論の幻想』（エール出版社、昭和47年）

和田静夫『国土計画と自治―反「日本列島改造論」―』（勁草書房、昭和48年）

日本国有鉄道（編）『日本国有鉄道百年史 第12巻』（日本国有鉄道、昭和48年）

日本国有鉄道（編）『日本国有鉄道百年史 第13巻』（日本国有鉄道、昭和49年）

立花隆『田中角栄研究全記録 上＝金脈追及・執念の五〇〇日』講談社、昭和51年）

立花隆『田中角栄研究全記録 下＝ロッキード事件から田中逮捕まで』講談社、昭和51年）

宮脇俊三『汽車旅12ヵ月』（潮出版社、昭和54年）

宮脇俊三『汽車との散歩』（新潮社、昭和62年）

早坂茂三『早坂茂三の「田中角栄」回想録』（小学館、昭和62年）

早坂茂三『オヤジとわたし。頂点をきわめた男の物語／田中角栄との23年』（集英社、昭和62年）

早坂茂三『政治家 田中角栄』（中央公論社、昭和62年）

宮脇俊三・原田勝正（編）『JR・私鉄全線各駅停車1 北海道630駅』（小学館、平成5年）

佐藤昭子『私の田中角栄日記』（新潮社、平成6年）

澤喜司郎『整備新幹線―政治新幹線を発車させた男たち―』（近代文藝社、平成6年）

日本鉄道建設公団三十年史編纂委員会〔編〕『日本鉄道建設公団三十年史』（日本鉄道建設公団、平成7年）

NHK取材班（編）『NHKスペシャル 戦後50年その時日本は 第4巻 沖縄返還／列島改造』（日本放送出版協会、平成8年）

三宅俊彦（編）『改正「鉄道敷設法」別表を読む』（JTB〔『旅』付録〕、平成11年）

角本良平『新幹線 軌跡と展望　政策・経済性から検証』（交通新聞社、平成11年）

高橋団吉『新幹線をつくった男 島秀雄物語』（小学館、平成12年）
梅原淳『新幹線の謎と不思議』（東京堂出版、平成14年）
米田雅子『田中角栄と国土建設―「列島改造論」を越えて』（中央公論新社、平成15年）
碇義朗『「夢の超特急」、走る！ 新幹線を作った男たち』（文藝春秋〔文春文庫〕、平成19年）
堀内重人『鉄道・路線廃止と代替バス』東京堂出版、平成22年）
下村太一『田中角栄と自民党政治　列島改造への道』（有志舎、平成23年）
小牟田哲彦『鉄道と国家――「我田引鉄」の近現代史』（講談社〔講談社現代新書〕、平成24年）
早野透『田中角栄　戦後日本の悲しき自画像』（中央公論新社〔中公新書〕、平成24年）
佐藤信之『新幹線の歴史　政治と経営のダイナミズム』
（中央公論新社〔中公新書〕、平成27年）
日刊工業新聞社100年史編纂委員会（編）『日刊工業新聞 100年史』
（日刊工業新聞社、平成27年）
杉田敦（編）『ひとびとの精神史 第6巻　日本列島改造――1970年代』（岩波書店、平成28年）
佐藤信之『JR北海道の危機　日本からローカル線が消える日』
（イースト・プレス〔イースト新書〕、平成29年）
別冊宝島編集部（編）『人間・田中角栄』（宝島社、平成30年）
新川敏光『田中角栄―同心円でいこう―』（ミネルヴァ書房、平成30年）
鶴通孝『整備新幹線　紆余曲折の半世紀』（成美堂出版、平成31年）
老川慶喜『日本鉄道史　昭和戦後・平成篇　国鉄の誕生からJR7社体制へ』
（中央公論新社〔中公新書〕、平成31年）
別冊宝島編集部（編）『田中角栄の「戦争と平和」』（宝島社、令和元年）
前野雅弥『田中角栄のふろしき　首相秘書官の証言』（日本経済新聞出版社、令和元年）
佐藤信之『JR九州の光と影　日本のローカル線は再生できるのか』
（イースト・プレス〔イースト新書〕、令和元年）
佐々木信夫『この国のたたみ方』（新潮社〔新潮新書〕、令和元年）
佐藤信之『鉄道と政治　政友会、自民党の利益誘導から地方の自立へ』
（中央公論新社〔中公新書〕、令和3年）

小牟田哲彦（こむた てつひこ）
昭和50（1975）年、東京生まれ。早稲田大学法学部卒業、筑波大学大学院ビジネス科学研究科企業科学専攻博士後期課程単位取得退学。日本及び東アジアの近現代交通史や鉄道に関する研究・文芸活動を専門とする。平成28（2016）年、『大日本帝国の海外鉄道』（現在は『改訂新版 大日本帝国の海外鉄道』扶桑社）で第41回交通図書賞奨励賞受賞。
著書に『鉄道と国家――「我田引鉄」の近現代史』（講談社現代新書）、『旅行ガイドブックから読み解く 明治・大正・昭和 日本人のアジア観光』（草思社）、『宮脇俊三の紀行文学を読む』（中央公論新社）など。日本文藝家協会会員。

交通新聞社新書161
「日本列島改造論」と鉄道
田中角栄が描いた路線網
（定価はカバーに表示してあります）

2022年6月15日　第1刷発行

著　者――小牟田哲彦
発行人――横山裕司
発行所――株式会社　交通新聞社
https://www.kotsu.co.jp/
〒101-0062　東京都千代田区神田駿河台2-3-11
電話　東京（03）6831-6560（編集部）
※2022年6月30日までは（03）6831-6550
東京（03）6831-6622（販売部）

カバーデザイン―アルビレオ
印刷・製本―大日本印刷株式会社

ISBN978-4-330-03022-7